I grandi fotografi della Storia

I nomi più influenti, i fotografi che hanno fatto la storia della fotografia, dalle origini fino ai giorni nostri.
Edizione 2020

Fotografare in Digitale

Fotografare in Digitale

I grandi fotografi della Storia

Grafica ed impaginazione: Fotografare in Digitale (www.fotografareindigitale.com)

ISBN 978-0-244-52331-2

Indice dei capitoli

4

Aleksandr Michajlovič Rodčenko

Aleksandr Rodčenko nacque a San Pietroburgo il 23 novembre del 1891, figlio dello scenografo Michail Michajlovič Rodčenko, e di una lavandaia. Nel 1905 si trasferì con la sua famiglia a Kazan dove decise, nel 1910, di iniziare a studiare arte entrando a far parte della Scuola delle Belle Arti del paese.

Rodčenko conseguì la laurea nel 1914, anno in cui iniziò anche a frequentare le lezioni di diversi futuristi russi tra cui Vladimir Majakovskij; nel 1915, quando ebbe inizio la prima guerra mondiale, si trasferì a Mosca e si iscrisse alla sezione di grafica della scuola Stroganov di Arte applicata.

Negli anni che vanno dal 1917 al 1921, Rodčenko diede il via alla sua mostra intitolata "Mostra delle opere di Rodčenko" a Mosca, dove vennero esposte le sue prime opere di collage fotografico che poi furono riutilizzate in ben altre 16 mostre d'arte.

In quegli anni abbandonò lo stile futurista per dare spazio ad una estetica astratta e fortemente geometrica.

Nel 1920 Rodčenko proclamò la sua morte sul numero di giugno di MoMA, applicando diversi tipi d'arte tra cui il fotomontaggio; fu anche il primo a sperimentare altre forme comunicative come poster, book, design tipografico, credendo che tali forme d'arte potessero avere un effetto comunicativo più efficace, soprattutto in quel particolare periodo per l'Unione Sovietica.

Sempre nel 1921 fu un grande leader per il movimento costruttivista i cui seguaci appoggiavano forme geometriche e design grafici molto frizzanti ed innovativi.Questo movimento fu molto importante ed utile per la società di quegli anni.

Nel 1923 iniziò a dare vita alla propria creatività fotografica ricevendo anche molte commissioni e richieste di progettazioni grafiche per copertine di libri e manifesti. Diventò inoltre il principale designer per la rivista Lef, formata da un gruppo di scrittori all'avanguardia tra cui alcuni intellettuali associati al poeta Vladimir Majakovskij. E fu proprio con Majakovskij che iniziò una stretta collaborazione realizzando tutte le copertine dei suoi libri.

Nel 1925 Rodčenko partecipò all'Esposizione internazionale di arti decorative di Parigi dove ricevette ben quattro medaglie d'argento per le seguenti sezioni: arte della strada, arte del libro, teatro ed arredamento.

In questo stesso periodo incontrò l'artista francese Fernand Léger in cui trovò radicato il suo stesso modo di pensare e di vedere le arti, ovvero il credere in un mondo più moderno nonché la voglia di sperimentare diverse e innovative forme artistiche. Rodčenko trovò in Lèger la sua stessa voglia di avvicinarsi alla gente con la grafica, il design, la fotografia, l'architettura, il teatro e il cinema e da questo ne nacque un'amicizia, e collaborazione, molto profonda.

Nel 1926 scrisse vari articoli sulla fotografia e sul cinema per la rivista Sovetskoe Kino; nel 1927 fu organizzata la sua prima vera mostra fotografica alla quale ne seguirono altre sia in Russia che fuori del paese.

Nel 1928 acquistò una Leica con cui scattò fotografie dalle prospettive audaci ed insolite sfidando le convenzioni della fotografia artistica del suo periodo storico.

Shaikhet e Al'pert, due fotografi dell'epoca, accusarono Rodchenko di avvicinarsi troppo alle forme dei fotografi "occidentali" come Man Ray e di dare troppa importanza all'estetica tralasciando il contenuto. E proprio a cause di queste accuse, furono messe al bando alcune delle sue fotografie dove erano ritratti giovani pionieri con lo sguardo rivolto verso il cielo: fotografie in grado di trasmettere un messaggio troppo di fantasia e di suggestione, ideali non in linea con il regime di allora.

QUesto un suo commento, datato 1943, circa il realismo socialista che imperava in quel periodo: L'arte è al servizio del popolo, ma il popolo è stato condotto Dio solo sa dove. Voglio guidare il popolo all'arte non usare l'arte per condurre il popolo chissà dove. Sono nato troppo presto o troppo tardi? L'arte deve prescindere dalla politica.

Rodchenko conobbe sua moglie, l'artista Varvara Stepanova, durante gli anni in cui studiò all'istituto d'arte della città di Kazan presso il quale lavorò fino al 1940, anno in cui si dedicò alla pittura tralasciando la fotografia.

Questo suo cambiamento però, non modificò la sua fama tant'è che Rodchenko è tutt'ora conosciuto più come fotografo che come pittore.

Rodchenko morì all'età di 65 anni il 3 dicembre del 1956 a Mosca.

8

Alfred Eisenstaedt

Alfred Eisenstaedt è conosciuto come "il padre del foto-giornalismo e tutto il suo lavoro può essere facilmente riassunta nella sua più famosa massima: "Keep it simple". Alfred Eisenstaedt, lavorando quasi sempre con attrezzatura minima, è stato il maestro della fotografia candida, immagini casuali mozzafiato che lasciano un profondo segno emotivo nell'osservatore.

Alfred Eisenstaedt, di origini tedesca ma americano di adozione era noto come "Eisie" tra i suoi amici più stretti e nacque il 6 dicembre 1898 a Dirschau nella Prussia occidentale (Germania) da una famiglia ebrea. La sua famiglia si trasferì a Berlino quando aveva 8 anni ed Eisenstaedt si interessò alla fotografia fin dalla tenera età: all'età di quattordici anni, Eisenstaedt ricevette la sua prima macchina fotografica una Eastman Kodak pieghevole. Entrò nell'esercito tedesco, in artiglieria, per combattere nella Prima Guerra Mondiale, e nel 1918 riportò anche una brutta ferita di guerra.

Cominciò a dedicarsi alla fotografia come freelance solo dopo parecchi anni, nel 1928, quando cominciò a lavorare per la Pacific and Atlantic Photos di Berlino. In precedenza si era dedicato all'attività di venditore per sbarcare il lunario (vendeva bottoni). L'anno successivo cominciò la vera e propria carriera di fotografo, quando gli fu assegnato il compito di documentare con le sue fotografie le cerimonie dell'assegnazione dei premi Nobel.

Negli anni immediatamente successivi scattò alcune tra le sue fotografie più famose come l'incontro tra i due alleati Adolf Hitler e Benito Mussolini (in Italia) e, nel 1933, la fotografia dei uno dei fidati uomini del dittatore tedesco, il famigerato Joseph Goebbels. Di questo periodo (o meglio del 1932), è anche il secondo scatto forse più rappresentativo di Eisenstaedt, il cameriere pattinatore (scattata presso il Grand Hotel, a Ginevra, quando ad un cameriere fu ordinato di girare, con i pattini, intorno ad un tavolo portando un vassoio sulla mano).

Due anni dopo, nel 1934, scattò un'altra foto molto famosa: presso il Teatro alla Scala di Milano immortalò una giovane ragazza accanto a una scatola vuota.

L'ascesa del nazismo non si conciliò però con le sue origini ebraiche, per cui, nel 1935, Alfred Eisenstaedt fu costretto ad abbandonare l'Europa e a rifugiarsi negli Stati Uniti. Si stabilì presso Jackson Heights, nella città di New York.

Approdato nella grande mela con la fama di un ottimo fotografo, prestò servizio dal 1936 per Vita Magazine per poi passare a lavorare per la testata Life. La sua fama era cresciuta a tal punto da essere uno dei primi quattro fotografi assunti dal giornale (basti ricordare che una delle quattro persone era la fotografa Margaret Bourke-White). Per Life ha prodotto tantissime fotografie ed in particolare qualcosa come 90 copertine, immortalando personaggi famosi quali Sophia Loren, Dagmar, Marilyn Monroe o Ernest Hemingway.

Buona parte delle fotografie scattate in questo periodo sono legate alla guerra ed in particolare agli addii tra i giovani militari e le loro mogli. Nel 1945 riuscì a scattare la fotografia che più di tutti lo rappresenta: il bacio in Times Square tra un soldato ed una giovane infermiera. Il bacio, per quanto si sia discusso a lungo, era originale e casuale e venne dato dal soldato durante i festeggiamenti per la del Giappone, evento che segnò la definitiva fine della seconda Guerra Mondiale (14 Agosto 1945). Inutile sottolineare come quella foto divenne una delle 90 copertine di Life firmate dal fotografo.

Eisenstaedt, durante la sua carriera, pubblicò molti libri tra cui Witness to Our Time del 1966 (il libro comprende il grande lavoro di Eisenstaedt nel ritrarre i personaggi del periodo, da Hitler alle star di Hollywood), The Eye of Eisenstaedt del 1969, Eisenstaedt's Guide to Photography del 1978 o Eisenstaedt: Germany del 1981.

Numerosissime le mostre organizzate ed i riconoscimenti per il fotografo tedesco quali il titolo di Fotografo dell'anno del 1951 ad opera della Enciclopedia Britannica e dell'Università del Missouri o la Medaglia Nazionale per le Arti nel 1989.

Eisenstaedt continuò a scattare fotografie fino alla sua morte, tant'è che un altro scatto molto conosciuto fu fatto nel 1993 e ritrae il Presidente degli Stati Uniti Bill Clinton in compagnia della moglie Hillary e della figlia Chelsea.

Il fotografo morì il 24 agosto 1995 nel Menemsha Inn Cottage, a Pilot House, alla veneranda età di 97 anni.

Andre Kertesz

André Kertész nacque a Budapest, in Ungheria, il 2 luglio 1894.

Sin da giovane mostrò interesse per la fotografia: infatti nel 1912, dopo essersi diplomato all'Accademia commerciale di Budapest, acquistò il suo primo apparecchio fotografico. La scelta ricadde su una ICA-Bébé, apparecchio funzionante con lastre fotografiche da 4,5×6 cm, una macchina versatile ma allo stesso tempo completa e in grado di offrire diverse soluzioni di scatto al fotografo.

A 21 anni si arruolò nell'esercito austro-ungarico e da volontario partì per il fronte russo-polacco. Anche in guerra non riuscì a mettere da parte la sua passione, si munì infatti di una Goerz Tenax, macchina dotata di obiettivo da 75mm, attraverso la quale realizzò una straordinaria testimonianza sulla vita di trincea e le infinite marce dei soldati.

Durante la guerra Kertész riportò anche una ferita ad una mano che lo rese inabile per oltre un anno.

Al suo ritorno dal fronte si stabilì prima a Budapest e in seguito a Esztergom, continuando incessantemente la sua attività fotografica, basata principalmente sui ritratti dei suoi familiari, in particolare della madre e del fratello Jeno.

Tuttavia il clima in Ungheria non era dei migliori e Kertész decise di trasferirsi a Parigi, dove strinse un forte legame d'amicizia con Brassaï, che gli insegnò i fondamentali della fotografia e soprattutto della ripresa notturna a lui tanto cara.

Nel 1927 riuscì ad organizzare una mostra alla galleria Au sacre du printemps, attirando la curiosità degli addetti ai lavori.l'anno seguente acquistò una Leica, la prima macchina fotografica che si serve della pellicola cinematografica 35mm, ed iniziò a lavorare per la rivista Vu assieme ad un altro grande della fotografia, Henri Cartier-Bresson.

Nel 1929 Kertész prese parte con altri grandi nomi alla prima mostra indipendente di fotografia realizzata proprio nella capitale francese. Quattro anni più tardi la rivista Le Sourire gli offrì cinque pagine da riempire liberamente: Kertész per l'occasione affittò uno specchio deformante e realizzò un servizio fotografico che vide protagoniste due modelle, dando origine così alla serie delle *Distorsioni*.

Nell'ambiente parigino, il fotografo era solito frequentare la zona di Montparnasse, dove entrò in contatto con diversi esponenti dell'avanguardia artistica, come Piet Mondrian, Fernand Léger, Ossip Zadkine e Alexander Calder.

Kertész si servì della fotografia come se fosse un suo diario visivo atto alla descrizione della vita, interpretando le proprie sensazioni e catturandole attraverso un obiettivo. Nel 1936, assieme alla moglie Elisabeth, si trasferì negli Stati Uniti, a New York, dove per circa un anno lavorò alle dipendenze dell'agenzia Keystone; in seguito a questa esperienza decise di diventare un fotografo freelance.

Iniziò in contemporanea anche una serie di collaborazioni con diverse importanti riviste come Harper's Bazaar, Vogue, Look, Coronet, Town and Country e Coller's. A questi lavori seguirono anche una serie di importanti mostre personali che lo consacraronoa livello internazionale, nonché gli valsero una laurea honoris causa targata Bard College.

Nel 1962 espose le sue opere anche in Italia, a Venezia, e l'anno successivo venne premiato alla IV Mostra Biennale Internazionale della Fotografia.

Nel 1977 la moglie Elisabeth morì di cancro e Kertész le dedicò *From my window*, un libro composto interamente da fotografie di nature morte realizzate dalla finestra di casa (dodicesimo piano a Washington Square Park) servendosi di una Polaroid e di un obiettivo zoom.

André Ketéz trascorse gli ultimi anni della sua vita malato, rinchiuso nel suo appartamento. Si spense nel sonno il 28 settembre 1985 a New York, lasciando un'eredità di oltre 100.000 negativi.

André Kertész è considerato uno dei più importanti esponenti della fotografia del novecento. Durante la sua carriera ha ricevuto numerosissimi riconoscimenti, oltre a tutto ciò è stato anche incredibile fonte di ispirazione per numerosi artisti e fotografi.

Ansel Adams

Ansel Adams nacque il 20 febbraio 1902 a San Francisco, a pochi passi dal Golden Gate Bridge, icona della città. Sin da piccolo dimostrò di non amare il percorso scolastico, motivo per cui all'età di dodici anni cominciò a dedicarsi alla musica, studiando pianoforte.

Solo un paio d'anni più tardi, Adams capì quale sarebbe statala sua vera passione: poco prima di partire per una vacanza al Parco Nazionale dello Yosemite gli venne regalata una Brownie, una piccola macchina fotografica a basso costo prodotta dalla Eastman Kodak. Da quel momento il binomio fotografia-natura diventò il suo marchio di fabbrica. Tre anni più tardi, nel 1919, entrò a far parte del Sierra Club, la più antica ed importante associazione ambientalista americana, fondata nel 1892 a San Francisco da John Miur.

Nel 1927 prese parte alla High Trip, gita annuale organizzata proprio dal Club; in questo modo ebbe la possibilità di realizzare un portfolio che venne pubblicato nello stesso anno e prese il nome di Parmelian Prints of the High Sierra. Tra le fotografie presenti nel portfolio ne spicca una in particolare (che possiamo annoverare tra le sue opere celebri): *Monolith, The Face of Half Dome*.

L'anno successivo divenne fotografo ufficiale del Club, attività che praticò in parallelo a quella di accompagnatore durante le escursioni. Il 1928 fu anche l'anno del suo matrimonio con Virginia Best, figlia del proprietario del Best's Studio, oggi noto come Ansel Adams Gallery.

Nel 1932 fondò il Gruppo f/64, il cui nome è un riferimento alla minima apertura di diaframma nello scatto e al conseguente valore massimo di profondità di campo. Ansel creò il gruppo con lo scopo di riunire alcuni fotografi appartenenti alla straight photography. Sono in otto a firmarne il manifesto: *Ansel Adams, Imogen Cunningham, Willard Van Dyke, John Paul Edwards, Consuelo Kanaga, Sonya Noskowiak, Henry Swift, Edward Weston.*

Due anni più tardi entrò a far parte, assieme alla moglie, del Consiglio di Amministrazione del Sierra Club, di cui rimasero membri per la loro intera esistenza.

Nell'arco della sua vita Adams, con il suo lavoro da fotografo e quindi grazie alla testimonianza visiva prodotta, è riuscito a dar voce al Club, sponsorizzandone gli scopi e dando voce alle battaglie intraprese.

Un esempio di ciò lo abbiamo con le fotografie presenti nel libro a tiratura limitata Sierra Nevada: The John Muir Trail, fondamentale contributo per far diventare il Sequoia and Kings Canyon un Parco Nazionale.

Durante la Seconda Guerra Mondiale si interessò fortemente della questione riguardante l'internamento dei nippo-americani in seguito all'attacco di Pearl Harbor, a tal punto che gli venne concessa una visita al Manzanar War Relocation Center, ai piedi del monte Williamson, in California. Le sue fotografie vennero dapprima esposte in un museo di arte moderna, mentre in seguito furono pubblicate con il titolo Born Free and Equal: Photographs of the Loyal Japanese-Americans at Manzanar Relocation Center, Inyo County, California.

Nel 1952 fu tra i fondatori della rivista fotografica Aperture, mentre pochi anni più tardi iniziò i suoi workshop annuali, che termineranno solo nel 1981, insegnando le principali tecniche fotografiche a migliaia di studenti.

Nel 1963 pubblicò il suo quarto portfolio dal nome di What Majestic Word, dedicato a Russell Varian, suo grande amico scomparso nel 1959. Il titolo è preso da "Sand Dunes," opera a cura di John Varian, padre di Russell.

Nel corso della sua carriera fu beneficiario di ben tre borse di studio Guggenheim, mentre nel 1966 venne eletto membro dell'American Academy of Arts and Sciences.

Pochi anni prima della sua morte, nel 1980, il presidente degli Stati Uniti Jimmy Carter, lo premiò con la più alta onoreficenza civile del paese, la medaglia presidenziale della libertà.

Ansel Adams scomparve il 22 aprile 1984, stroncato da una malattia cardiovascolare. Ad Ansel Adams è inoltre attribuita anche l'invenzione del sistema zonale, una tecnica fotografica che permette di riprodurre l'intera gamma di sfumature presenti in natura.

Arthur Fellig (Weegee)

Usher Fellig (Weegee) nacque il 12 Giugno del 1899 in Austria da un rabbino. All'età di 10 anni lasciò, insieme alla madre ed ai sei fratelli, l'Europa per ricongiungersi al padre in terra americana dove, appena sbarcato ad Ellis Island, cambiò il nome da Usher in Arthur.

Per quanto riguarda l'istruzione, Arthur Fellig li ha proseguiti in America fino l'ottavo grado. Essendo la famiglia bisognosa di soldi, il giovane Fellig dovette abbandonare gli studi per dedicarsi al lavoro. E di lavori, o meglio lavoretti, ne fece tantissimi, d all'aiutare il padre a lavare i piatti, dal bigliettaio di bus fino a prestare servizio in una rivendita di caramelle. Proprio durante uno di questi lavori, fu immortalato da un fotografo di strada, fotografia che fece scattare la scintilla in Arthur Fellig che, in quel momento, decise di diventare un fotografo.

I suoi esordi fotografici furono accompagnati da una macchina fotografica basata sulla ferrotipia (il procedimento di stampa fotografica che permetteva la cattura di un positivo su una lastra di ferro o di alluminio), molto comune tra i fotografi di strada per l'economicità e la semplicità delle stampe, e cominciò a lavorare (siamo nel 1917) come fotografo presso uno studio di Manhattan, il Ducket & Adler.

Studio lasciato solo alcuni anni dopo, a causa di un disaccordo sulla paga. Divenuto un freelance, Arthur Fellig acquistò una macchina fotografica 5×7 di seconda mano e noleggiò un pony, chiamato "Hypo": in compagnia di Hypo girava, nei giorni festivi e nei fine settimana, per la città invogliando i bambini a farsi fotografare sul pony. Quindi, una volta sviluppati i negativi e stampati i positivi, tornava dalle famiglie dei ragazzi fotografati nel tentativo di piazzare le stampe. Nel 1921 trovò lavoro presso il New York Times in qualità di assistente in camera oscura e, nel 1924 entrò a far parte della Acme News Pictures (più famosa come United Press International Photos), dove restò fino alla fine del 1936.

Alla Acme continuò a svolgere le mansioni di assistente di camera oscura, facendosi sfuggire, per una semplice presa di posizione, la possibilità di fare carriera: nonostante gli fosse stato offerta la posizione di fotoreporter, Arthur Fellig si rifiutò sempre di indossare camicia bianca e cravatta (saltuariamente, in assenza di altri fotografi disponibili, aveva la possibilità di cimentarsi con la fotografia).

A causa del suo lavoro non di primo piano, le fotografie scattate in questo periodo non ebbero grande fortuna (riceveva di tanto in tanto semplici richieste) e Arthur Fellig nel 1936 decise di chiudere con il lavoro per conto terzi e di mettersi in proprio, come freelance.

Lasciata la Acme, Fellig comprò una Speed Graphic e cominciò a frequentare la sede centrale della Polizia di Manhattan dove carpiva informazioni circa risse, assassini, incidenti, incendi (leggendo le informazioni stampate ogni notte dalla telescrivente).

Fu a questo punto che si meritò il soprannome con cui è conosciuto: Weegee. Le ragazze che erano entrate in contatto con lui durante il lavoro alla Acme cominciarono a chiamarlo in questo modo in onore del gioco da tavolo, in quanto Arthur era capace di farsi trovare sempre al posto giusto nel momento giusto, ovvero dove c'era bisogno di un fotografo.

Le fotografie scattate durante questo periodo trovarono un'enorme eco nei giornali locali quali il Daily News, l'Herald Tribune, il Sun e tanti altri.

Nel 1938 Weegee decise di evolversi: comprò una Chevrolet Coupe e chiese l'autorizzazione alla Polizia di installare una radio della polizia al suo interno. Sorprendentemente ottene l'autorizzazione e divenne il primo, nonché unico fotoreporter a possederne una. La Chevrolet divenne per Weegee la seconda casa: nel bagagliaio c'era tutto l'occorrente per fotografare e stampare qualunque cosa in qualunque momento da una camera oscura portatile a macchine fotografiche di riserva, da vari flash ad una macchina da scrivere senza dimenticare cibo, sigari e vestiti di ricambio.

Gli anni '40 sono i più prolifici ed importanti per Weegee a cominciare dal 1940 quando creò delle foto-storie a sua decisione per il PM Daily. Nel 1941 effettuò la prima mostra fotografica dal nome Murder is My Business, a cui fa seguito, nel 1945 il fotolibro Naked City, fonte di ispirazione per l'onomino film del 1948 di Jules Dassin (2 premi Oscar) e della serie tv del 1958. Nel 1943 il Museum of Modern Art di New York comprò cinque suoi scatti tuttora esposti nella sezione Action Photography e nel 1945 cominciò una proficua collaborazione con Vogue.

Nel 1947 Weegee si sposò per la prima volta con Margaret Atwood dalla quale si separò due anni dopo e con la quale visse ad Hollywood dove fece da consulente per il film Naked City (durante questo periodo fece anche alcune comparsate in svariate pellicole). Hollywood, in ogni caso, fece sperimentare a Weegee la cinepresa, tant'è che il fotografo realizzò Weegee's New York, un cortometraggio muto ed in bianco e nero di 20 minuti proiettato, nel 1948, presso il Museum of Modern Art di New York.

Dopo il divorzio, tornò a New York dove sperimentò una fotografia nuova, tutta basata sulle distorsioni e pubblicate, nel 1950, sia nel libro Naked Hollywood sia sul numero di luglio di Vogue. Il 1950 segnò però anche il cambio di vita con due eventi cardine: il diabete e l'unione con Wilma Wilcox che sarà la sua compagna fino alla morte.

Dal 1958 al 1968, al soldo del Daily Mirror viaggiò per l'Europa come reporter, scrittore, fotoreporter e autore di libri. Il 1958 è anche l'anno in cui il regista Stanley Kubrick chiamò Weegee in qualità di consulente alle riprese per il Dottor Stranamore.

Weegee, alias Usher Fellig, morì per un tumore al cervello il 26 dicembre 1968.

August Sander

August Sander è uno tra i più influenti artisti della fotografia del novecento, un illustre ritrattista molto legato al concetto della fotografia come testimone della realtà. August Sander credette fermamente nel concetto che la fotografia possa essere uno strumento d'indagine sociale e per questo dev'esser il più fedele possibile alla realtà.

Sander intraprese la carriera di fotografo seguendo la corrente pittorialista dalla quale non si staccò mai definitivamente (lo si denota nella scelta dei soggetti rurali). A Colonia, però, ebbe modo di entrare in contatto con un gruppo di artisti che lo indirizzarono verso uno stile differente, tutto suo, un'autonomia di pensiero che sfociò nella fotografia ritrattistica.

La scelta dei soggetti, come abbiamo detto, si concentrò principalmente sulle figure rurali come i contadini, ma non per ragioni estetiche bensì per questioni sociologiche: si trattava di soggetti appartenenti ad un mondo, quello rurale, sempre meno diffuso, sempre più diretto verso l'estinzione. L'intento di Sander è stato quello di mostrare questo mondo attraverso la fotografia, catturandolo ed imprimendolo su carta perché ne rimanga una testimonianza fedele prima che scompaia definitivamente. C'è da chiarire, però, che il suo interesse è sempre stato rivolto non al singolo bensì alla società, tant'è vero che raramente si riscontra nella fotografia di August Sander l'introspezione del soggetto stesso, anche se inevitabilmente è catturata ed è parte delle sue immagini, attraverso lo sguardo l'espressività e l'emozione vitale.

August Sander sposò, quindi, lo stile della fotografia realista, obiettiva, scevra degli elementi superflui. Importante è la cattura solo dell'essenziale, attraverso una tecnica abbastanza ripetitiva.

Da tutti questi dettagli traspare la visione del mondo di Sander: una visione legata alle dinamiche sociali per cui un uomo è sempre e comunque legato alla propria estrazione sociale ed alla propria professione.

August Sander nacque, nel 1876 nella cittadina di Herdorf, una piccola borgata industriale tedesca.

Fin da giovane August cominciò a lavorare nel bacino minerario che attornia il borgo insieme al padre, armatore di gallerie. Nel 1890 un fotografo venne incaricato di riprendere uno dei pozzi di Herdorf ed August gli venne assegnato come aiutante per il trasporto dell'attrezzatura. Fu questo il primo, fondamentale contatto con il mondo della fotografia per Sander.

August rimase folgorato da quell'esperienza e decise, con l'aiuto della famiglia, di allestire un piccolo laboratorio vicino a casa per studiare e perfezionare la sua tecnica fotografica. Sette anni dopo venne chiamato alle armi, a Treviri. Ritornò in Germania dopo due anni dopo ed iniziò a girarla in lungo ed in largo come assistente fotografo.

Nel 1901 iniziò a lavorare per lo stabilimento fotografico Greif, nella cittadina austriaca di a Linz. Qui si dedicò alla fotografia della classe media della metropoli. Ebbe modo, durante questo periodo, di conoscere la sua futura moglie Anna Seiterimacher (che sposò dopo essere divenuto socio del laboratorio fotografico della sua famiglia). Il 1910 rappresentò l'anno della svolta per August: durante un viaggio a Colonia, incontrò un gruppo di artisti che lo indirizzò verso il ritrattismo come studio sociologico.

Negli anni 20 entrò a far parte di un gruppo di artisti progressivi, fece un viaggio di tre mesi in Sardegna in compagnia di Ludwig Mathar al fine di raccogliere del materiale fotografico per un libro che però non vide mai la luce.

A metà del decennio elaborò (ma non pubblicò) la sua prima opera dedicata alla classificazione sociale tedesca ovvero "Ritratti del XX secolo". Si tratta di un volume di circa 600 scatti, in cui August cercò di documentare lo sviluppo urbano attraverso un campionario di persone di varie estrazioni sociali. Se Ritratti del X secolo non vide mai la luce, differente fortuna toccò a "Facce del nostro tempo", una raccolta di sessanta scatti pubblicato nel 1929.

Nel 1933 iniziarono le persecuzioni naziste ed August Sander finì nel mirino delle milizie del terzo reich: il nazismo infatti non ha mai visto di buon occhio la società ritratta dal fotografo. Si tratta di immagini di mendicanti, disoccupati ma anche rivoluzionari. Per questi motivi Sander finì in prigione e suo figlio, tacciato di crimini politici, venne giustiziato. Nel 1936 Sander fu nuovamente toccato nel profondo, con la distruzione da parte dei nazisti dell'opera Facce del nostro tempo. E proprio quest'atto diede nuova forza al fotografo che cominciò a immortalare i volti degli ebrei perseguitati.

A metà degli anni quaranta, il suo studio venne distrutto da un bombardamento per cui Sander e la sua famiglia dovettero rifugiarsi in campagna, a Kuchhausen.

Negli anni cinquanta Sander lottò per veder riconosciuto il suo lavoro ed ebbe modo di esporre in qualche mostra (alla fiera Photokina nel 1951 e nella mostra The family man nel 1955).

Morì nel 1964, a Kuchhausen, senza aver mai visto pubblicata alcuna sua opera completa.

Attualmente le sue opere vengono esposte in tutto il mondo, l'ultima mostra si è tenuta nel 2013 al New York Museum and Art Gallery (Leichester).

Bert Stern

Bert Stern, forte del suo talento, è stato un fotografo americano che ha contribuito massivamente nella creazione di un nuovo concetto di estetica nel mondo fotografico della moda degli anni cinquanta e sessanta.

Stern mosse i suoi primi passi nel mondo della fotografia nel campo commerciale, cosa che ha influito non poco su tutta la sua successiva opera: il fotografo è stato infatti capace di infondere nelle immagini editoriali la stessa attrattiva delle immagini commerciali. Non solo, Stern è stato inoltre capace di catturare, in un singolo scatto, un'intera storia, di carpire l'essenza dei suoi soggetti con i quali ha evidentemente una connessione particolare: Stern ha sempre cercato di colmare la distanza fra fotografo e soggetto, portando la relazione al di fuori dell'ambito formale e professionale. Il tocco magico di Stern è tutto nella sua capacità di raccontare con le immagini e non con le parole una qualsiasi storia, aiutato dalla sua profonda conoscenza dell'animo umano.

Ma Stern non è solo talento, creatività e genialità. Stern è anche tormento, passione. Il fotografo si trova a fronteggiare in prima persona depressione, schizofrenia, crisi di gelosia causate dal suo secondo grande amore: le donne. La fotografia e le donne sono una costante della vita di questo artista così come il successo, arrivato molto presto per quegli anni (a 25 anni con la campagna pubblicitaria per la vodka Smirnoff). Il successo e la notorietà, nonché i soldi facili, hanno di fatto travolto il fotografo ma gli hanno anche permesso di arrivare a dei risultati invidiati da chiunque altro: ricordo che Stern è stato l'ultimo fotografo ad immortalare Marilyn Monroe (per Vogue) prima della sua morte.

Stern comunque non ha dedicato tutta la sua vita alla fotografia: rimase affascinato dal cinema tant'è che aprì un negozio d'arte pop a New York. Tuttavia le donne, la moda, la pubblicità sono rimaste delle costanti durante la sua intera esistenza.

Bert Stern nacque a Brooklyn (1929) da una famiglia di ebrei immigrati in America. Da suo padre, ritrattista di bambini, probabilmente apprese i rudimenti della fotografia anche se fu un autodidatta della fotografia stessa. Poco avvezzo agli studi, lasciò il liceo a soli sedici anni (verso la metà degli anni 40) per lavorare presso una banca di Wall Street. Durante questo periodo Stern realizzò i suoi primi scatti, i provini, gli sviluppi e finalmente gli venne offerto di diventare l'assistente artistico di H. Bramson per la rivista "Sguardo" dove conobbe Stanley Kubrick. Successivamente Bert Stern divenne il direttore artistico della rivista Mayfair.

Nel 1952 si arruolò nell'esercito americano e quindi inviato in Giappone nelle vesti di fotografo militare.

Ritornato in patria, iniziò a collaborare con il Magazine Look, finché gli venne assegnata, da un'agenzia pubblicitaria non proprio famosissima, la campagna per la vodka Smirnoff. "Più secco del secco" ...un successo senza eguali.

Più o meno in contemporanea, il giovane fotografo venne folgorato folgorato dal cinema (complice la conoscenza di Kubrick) e con Aram Avakian, girò "Jazz on a summer day" (1958) pellicola incentrata sul jazz di Newport (nel 1999 il film venne dichiarato di grande valenza culturale dalla Biblioteca del Congresso USA e conservato nel National Film Registry). Nel frattempo si sposò con Allegra Kent, una famosa ballerina che diventò il soggetto di numerose sue foto e della quale fu molto geloso. Ebbe tre 3 figli. Nel 1959 immortalò un altro grande, Luois Armstrong per la pubblicità della Polaroid.

Negli anni 60 Stern iniziò a fare uso di anfetamine ed il suo matrimonio con Allegra Kent naufragò. In seguito al divorzio, Stern partì per la Spagna dove probabilmente frequentò una clinica per disintossicarsi.

Tornato nuovamente in America, iniziò a scattare foto di personaggi famosi tra i quali ricordo Liz Taylor e Marilyn Monroe (1962). Quest'ultima fu oggetto di un servizio fotografico da oltre 2000 scatti in cui Marilyn si mostra nuda, velata, maliziosa e scherzosa. Molti di questi scatti vennero inizialmente rifiutati da Vogue, tanto Stern fu costretto a programmare un'altra seduta con Marilyn, che scomparve dopo appena sei settimane.

In questo stesso anno collaborò anche con Stanley Kubrick, che gli commissionò le foto promozionali del film Lolita.

Negli anni 80 venne pubblicata la prima raccolta degli scatti realizzati a Marilyn Monroe, privo però di alcuni scatti che l'attrice aveva scartato. Dopo una decina d'anni però il libro fu riedito (The complete last sitting), questa volta con incluse le foto scartate (riconoscibili in quanto Marylin le aveva scartate ponendoci sopra una croce arancione (furono gli eredi ad autorizzare questa pubblicazione).

Nel 2008 ripetè tutta la sessione delle foto realizzata a Marilyn usando come modella Lindsay Lohan: un lavoro però tacciato come triste, nostalgico, una patetica imitazione da praticamente tutta la stampa.

Nel 2010 sposò in segreto Shannah Laumeister, modella e regista, nonché autrice del documentario "Bert Stern: Original Madman".

Bert Stern si spense a Manhattan, a 83 anni, nel 2013.

Bill Brandt

Bill Brandt nacque il 2 maggio del 1904 ad Amburgo da genitori tedeschi di origine russa; uno dei suoi quattro fratelli, quello maggiore, era un aviatore e fu ucciso durante la seconda guerra mondiale, mentre suo fratello minore Rolf divenne illustratore e decise di emigrare a Londra. Bill Brandt passò la sua infanzia soprattutto a Schleswing-Holstein, in Germina e in Svizzera. Nel 1920, all'età di 16 anni, contrasse la tubercolosi (TB) e rimase a curarsi a Davos fino all'età di 22 anni.

Quando finalmente fu totalmente guarito dalla malattia, nel 1926, decise di seguire suo fratello Rolf a Vienna dove aveva intrapreso la carriera di grafico; fu proprio suo fratello a presentarlo a Eugenie Schwarzwald, un noto personaggio di quei tempi, che spinse Bill a dedicarsi alla fotografia e a lavorare presso lo studio di una sua amica ritrattista, Greta Kolliner.

Frequentando casa Scwarzwald, Brandt poté incontrare l'élite culturale del tempo tra cui Ezra Pound, che l'aiutò a diventare assistente nello studio Man Ray a Parigi. Rimase solo tre mesi con il celebre fotografo in quanto in quel breve tempo non arricchì il suo bagaglio professionale di nuove nozioni ma ricevette un grande impulso creativo che lo portò a lavorare come freelance. Nel 1932, Brandt si sposò con Eva, la prima delle sue tre mogli, a Londra, dove prese casa scegliendo una zona rinomata e piena di artisti ed intellettuali. Creò una piccola camera oscura nella propria cucina ed ovviamente continuò nell'attività di fotografo freelance.

Nel 1934 diventò amico del fotografo Brassai. La loro amicizia fu molto duratura tant'è che in molte fotografie di Brandt vi sono chiari richiami alle opere del suo amico. Contribuirono entrambi alle stesse riviste: Il Minotauro e Verve a Parigi, Picture Post e Lilliput a Londra. Nel 1935 ebbe finalmente abbastanza materiale per pubblicare il suo primo libro: The English at Home, che non ebbe grande successo.

Nel 1938 Brandt decise di fotografare la Parigi di notte, immortalando luoghi magici ma anche bordelli dell'epoca; le immagini furono racchiuse in un libro intitolato "Paris by Night".

Durante quegli anni il suo impegno nel sociale fu costante, i suoi scatti rappresentarono gli abitanti del nord industriale dell'Inghilterra, denunciandone le condizioni precarie ed al limite dell'umana sopportazione. Proprio la sua attività di reporter fece si che allo scoppio della Seconda Guerra Mondiale fu chiamato, per conto del Ministero dell'Informazione Britannico, a documentare la condizione dei londinesi durante il blackout.

Durante gli anni 40 Brandt sperimentò altri generi passando dai ritratti di artisti e intellettuali al nudo (grazie al quale divenne noto al grande pubblico) fino alle fotografie paesaggistiche. Inoltre, essendo grande estimatore e conoscitore della letteratura inglese, realizzò alcuni scatti di diverse vedute cariche di richiami letterari con atmosfere romantiche.

Nel 1949 uscì il terzo libro di Brandt intitolato "Camera in London", contenente diverse immagini scattate durante i venti anni vissuti a Londra.

Nel 1950, le foto di paesaggi diventano la sua nuova passione ma non abbandonò del tutto la fotografia di nudo, coniugando i due generi: decise di scattare una serie di nudi all'aria aperta sulle spiagge della Normandia e del Sussex.

Nel 1961 furono finalmente pubblicati i suoi nudi sia a Londra che a New York, successivamente pubblicati nel suo libro "Ombra di Luce".

Nel 1969 al MOMA Museum di New York, sotto la direzione di Edward Steichen e John Szarkowski, presentò la sua prima retrospettiva contenente 124 stampe realizzate appositamente per la mostra stessa: la critica ne fu entusiasta.

Nel 1978 fu nominato "Royal Designer for Industry" dalla Royal Society of Arts, e l'anno dopo ricevette la Silver Progress medal dalla Royal Photografic Society. Le sue foto entrarono a far parte di diverse collezioni come quelle del London's Victoria and Albert Museum, del MOMA, del Rochester's International Museum of Photography e della Paris' Biblioteque National.

Durante i suoi ultimi anni di vita fu affetto da diabete e la sua salute fu molto fragile e a causa di un glaucoma. La sua vista iniziò a peggiorare rendendogli difficile l'osservazione e il controllo delle sue stampe. Bill Brandt morì il 20 dicembre del 1984 a Londra. Noya, la sua ultima moglie dalla quale non ebbe figli, esaudì il suo ultimo desiderio ovvero quelle che le sue ceneri fossero sparse Holland Park, dove Brandt si recò per tantissimi anni, ogni giorno, a passeggiare.

Brassai

Gyula Halász, meglio noto con lo pseudonimo di Brassaï, nacque a Braşov (Ungheria a quei tempi, quindi passata successivamente in territorio romeno), il 9 settembre 1899.

Da piccolissimo, a soli tre anni, Brassaï si trasferì a Parigi con tutta la sua famiglia, dal momento che il padre svolgeva la professione di docente di letteratura all'Università della Sorbona.

La vita del giovane Brassaï fu costellata da spostamenti. Si trasferì presto a Budapest per studiare all'Accademia di belle arti ma interruppe il percorso per entrare a far parte della cavalleria dell'esercito austro-ungarico durante la Prima Guerra Mondiale.

Terminato il conflitto, decise di trasferirsi a Berlino, in Germania, dove trovò impiego in qualità di giornalista. Nel frattempo ne approfittò per riprendere il suo percorso di studi, portandolo a termine con successo.

Quattro anni più tardi si trasferì di nuovo, questa volta definitivamente, nella capitale francese. Qui imparò la lingua francese leggendo le poesie di Jacques Prévert e di Marcel Proust.

Una volta inseritosi alla perfezione nel tessuto sociale parigino, cominciò a sviluppare una sempre crescente attenzione di carattere fotografico nei riguardi della città. Nulla sfuggì al suo occhio e al suo obiettivo: il lungo Senna, la notte, i vicoletti dove il tempo pareva essersi fermato, i grandi giardini e tutto ciò che caratterizzava Parigi come città unica al mondo.

Ad affascinarlo in particolar modo però fu soprattutto la notte. Brassai era' affascinato dalla vita sociale notturna, cosa lo portò ad immortalare clochard, prostitute, coppiette, ballerine e altri personaggi che caratterizzavano la Parigi by Night. A questo proposito una della sue fotografie più note è quella intitolata *La prostituta Bijou*.

Con lo pseudonimo di Brassaï, che significa "di Brasov" in ungherese, nel 1933 pubblicò il suo primo libro fotografico intitolato *Paris de nuit*. La pubblicazione venne accolta molto favorevolmente, specialmente in ambito artistico, tanto è vero che l'amico Henry Miller gli attribuì il soprannome di "occhio di Parigi".

Grazie alla sua collaborazione con la rivista *Minotaure,* il fotografo venne a contatto con numerosi scrittori, poeti e artisti. La sua fama e l'interesse nei confronti dell'arte e dell'alta società lo portarono ad intrattenere rapporti e ad immortalare anche personaggi di rilievo come Pablo Picasso, Henri Matisse, Salvador Dalì, Jean Genet ed Henri Michaux.

Si dedicò con successo anche al cinema e infatti, qualche anno più tardi, nel 1956, vinse il Grand Prix Speciale della Giuria al Festival di Cannes con il suo film *Tant qu'il y aura des bêtes.*

Continuò a lavorare avvalendosi anche dell'aiuto della moglie Gilberte Boyer, sposata nel 1948 e da allora sempre sua stretta collaboratrice.

Acquistò fama internazionale ed espose le sue opere per ben tre volte al MOMA, Museo di Arte Moderna di New York, nel 1953, nel 1956 ed infine nel 1968.

Tuttavia a partire dal 1962 ed in seguito alla morte di Carmel Snow, editore della rivista Harper's Bazaar con cui collaborava dal 1937, Brassaï lasciò gradualmente la fotografia per dedicarsi unicamente alle ristampe delle sue prime opere e alle riedizioni di libri da lui già pubblicati in passato.

Tra il 1974 ed il 1978 venne insignito del titolo di Cavaliere delle Arti e delle Lettere e di Cavaliere della Legion d'onore, senza dimenticare il Premio internazionale di fotografia a Parigi.

Scomparve l'8 luglio 1984 a Eze, piccolo comune della Costa Azzurra situato nei pressi del confine con l'Italia.

La sua salma è tumulata presso il cimitero di Montparnasse, nella zona da lui sempre frequentata. Durante il suo periodo di attività ha scritto la bellezza di 17 libri, oltre ad un numero elevato di articoli.

Sedici anni dopo la sua morte, nel 2000, la vedova di Brassaï ha organizzato una mostra in onore del marito presso il centro Pompidou di Parigi.

Cecil Beaton

Cecil Beaton nasce a Londra il 14 gennaio 1904, figlio di un commerciante di legname.

A soli 11 anni riceve in regalo la sua prima macchina fotografica, una Kodak 3A a soffietto, ed inizia a scattare ritratti utilizzando le sue sorelle e la madre come modelle, facendosi inizialmente aiutare dalla bambinaia della sorella minore, appassionata di fotografia.

In questo periodo sperimenta metodi rudimentali per riflettere la luce, impara le tecniche di sviluppo e stampa della fotografia e pone le basi anche della sua futura brillante carriera di costumista (ruolo che gli varrà due Oscar): con il pretesto dei ritratti, inizia ad utilizzare materiali casalinghi come lenzuola, stoffe luccicanti, cellophane per approntare costumi originali ed eccentrici.

Dopo il liceo, Cecil Beaton si iscrive a Cambridge dove studio storia, arte e architettura, senza mai smettere di coltivare la passione per la fotografia, manifestando già in questi anni una certa predilezione per il mondo della gente di successo: personaggi famosi, nobili, ricchi, attori, sono tra i suoi soggetti preferiti e subisce per tutta la sua vita il costante fascino dell'alta società dalla quale smania per essere accolto.

E' facile immaginare quindi come Cecil Beaton vive il breve periodo in cui lascia Cambridge senza essersi laureato e, costretto dal padre, viene assunto nell'azienda di legname come impiegato nel 1925.

L'anno successivo lascia l'impiego per aprire un proprio studio a Londra e per occuparsi esclusivamente di fotografia, costumi e scenografia.

Nel 1929 parte per New York dove inizia a collaborare stabilmente con la Condé Nast, lavorando come fotografo per Vanity Fair, Vogue e Harper's Bazar e dove frequenta finalmente gli ambienti glamour dai quali si è sentito sempre attratto.

In quel periodo scatta i suoi più celebri ritratti delle icone artistiche del tempo come Gary Cooper, Katherine Hepburn, Marlene Dietrich e Greta Garbo, che rappresenta la più grande passione di Cecil Beaton (e con la quale ebbe una discussa storia d'amore, nonostante fosse dichiaratamente omosessuale).

Durante la Guerra si allontana dal mondo dall'alta società e viene mandato in Europa come fotografo ufficiale del Ministero dell'Informazione britannico, incaricato di documentare le attività della Raf nel Regno Unito: sua è una delle fotografie più drammatiche e rappresentative della sofferenza britannica durante il conflitto, quella di Eileen Dunne, una bambina di tre anni ricoverata in ospedale mentre stringe la sua bambola di pezza, immagine che finisce sulla copertina di Life e che contribuisce ad orientare l'opinione pubblica americana verso la necessarietà dell'intervento degli Stati Uniti nella Guerra.Cecil Beaton - Life

Negli anni successivi continua la sua attività come fotografo degli ambienti più ricchi e delle celebrità hollywoodiane, scatti che lo hanno reso celebre in tutto il mondo.

E' anche uno dei più noti fotografi della famiglia reale inglese della quale ha ritratto i momenti più significativi: la collaborazione inizia scattando foto ufficiali alle figlie di Giorgio VI, tra le quali Elisabetta prima dell'incoronazione. Il suo soggetto preferito è la Regina Madre, ma Cecil Beaton fotografa molte volte Elisabetta, durante l'incoronazione e dopo, alla nascita del primo figlio, in uno scatto inedito della Regina ritratta come una madre comune.

Continua anche a coltivare la sua passione per i costumi e nel 1956 vince il suo primo Oscar per le scene e i costumi del film Gigi. Nel 1964 vince un altro Oscar per My Fair Lady: il famoso vestito bianco e nero indossato da Audrey Hepburn è una sua creazione e diventa presto un'icona della moda.

Dagli anni Sessanta le foto di Cecil Beaton iniziano ad essere esposte in gallerie, come nella National Portrait Gallery di Londra dal 1968, e in numerose mostre, recentemente in quella allestita per "The Queen's Diamond Jubilee" nel 2012 al Victoria and Albert Museum che racconta la storia dell'Inghilterra vista attraverso i ritratti che Cecil Beaton fece alla Regina Elisabetta dagli anni '30 ai '60.

Nel 1974 viene colpito da un ictus e rimane paralizzato nel lato destro del corpo. Nonostante le limitazioni che ciò comporta, Beaton reagisce imparando ad utilizzare la mano sinistra per scrivere e disegnare e continua a fotografare facendo adattare le sue macchine fotografiche.

Tuttavia la sua carriera è al tramonto: nel 1977, preoccupato per le sue finanze, mette in vendita tutto il suo archivio fotografico presso la casa d'aste Sotheby's ad esclusione dei ritratti della Famiglia Reale.

Nel 1979 riesce ancora a fotografare per Vogue le collezioni di moda dell'autunno nelle sfilate di Parigi.

Nel 1980 Cecil Beaton muore a Reddish House, nella storica villa del Wiltshire acquistata nel 1948, e viene sepolto lì vicino, nel cimitero di una chiesa poco distante.

Charles Clyde Ebbets

Charles Clyde Ebbets nacque ill 18 agosto 1905 a Gadsden, in Alabama. Ha comprato la sua prima macchina fotografica all'età di otto anni, addebitando al conto di sua madre in una farmacia locale.

La sua carriera fotografica cominciò nel corso del 1920 (anche se aveva comprato a debito la sua prima macchina fotografica a soli 8 anni) a St. Petersburg, in Florida quale fotografo di scena. Nello stesso periodo fu attratto dalla macchina da presa tanto da vederlo impegnato sua dietro che davanti la macchina stessa: nel 1924 ebbe infatti una parte, quella di "Wally Renny" (un cacciatore), in alcuni film così come comparsate in qualità di lottatore, pilota e altri. In contemporanea, divenne il fotografo personale del pugile Jack Dempsey e lavorò per il Miami Daily News come fotografo freelance.

Nel 1927 Ebbets fu scelto come uno dei tre partecipanti ad una particolare impresa, chiamata Tamiami Trail: l'obiettivo dell'impresa era attraversare una strada sterrata da Tampa a Miami. La scelta cadde su Ebbets per la sua conoscenza del territorio e la sua abilità di fotografo (documentò l'intera impresa, foto pubblicate sui giornali dell'intero paese).

Grazie a quest'avventura Ebbets divenne un fotografo affermato tanto da arrivare, nel 1930 a collaborare con parecchi giornali a tiratura nazionale, tra i quali il New York Times. Nel 1932 divenne il direttore della fotografia per il Rockefeller Center, il grattacielo in costruzione nel cuore della Grande mela. E fu proprio durante la costruzione di questo palazzo che Charles Clyde Ebbets fece la sua fotografia più famosa: Pranzo in cima ad un grattacielo, raffigurante undici uomini seduti su una trave a mangiare il pranzo, piedi penzolanti e nessuna protezione a centinaia di metri al di sopra delle strade di New York. Una seconda foto, l'uomo addormentato sulla trave, riprende lo stesso concetto: un lavorante addormentato senza alcuna protezione al 69° piano del grattacielo più famoso del mondo.

L'anno successivo, nel 1933, tornò in Florida dove si stabilì fino alla sua morte che avvenne, a Miami, il 14 luglio del 1978 all'età di 72 anni (morì per un cancro).

Durante l'attività di fotografo in Florida, si concentrò principalmente sull'incremento del turismo nel suo stato, sulla bellezza delle Everglades e sugli indiani Seminole.

Il 1935 segnò un altro passo importante nella carriera di Ebbets: divenne infatti il primo fotografo ufficiale dell'agenzia di stampa Associated Press per la Florida. Nello stesso anno le sue fotografie dell'uragano del Labour Day che devastò le Florida Keys fecero il giro del mondo, conferendogli ancor più notorietà. Sempre nello stesso anno fondò il Miami Press Photographers Association di cui ne fu il primo presidente.

Grazie alla sua strettissima amicizia con gli indiani Seminole fu il primo uomo bianco in assoluto, nel 1938, ad essere ammesso alla danza "Green Corn" (dalla durata di una settimana) che poté documentare, fotograficamente parlando, per intero La collezione di fotografie relative a quest'evento sono considerate una delle opere più importanti di Ebbets nonché una delle più belle al mondo nel suo genere.

Quando scoppiò la seconda guerra mondiale, Ebbets non fu richiamato alle armi a causa di un grave incidente alla schiena cui era stato vittima durante una battuta fotografica nelle Everglades. In ogni caso, viste le sue capacità di pilota e di fotografo, fu nominato attaché dell'Army Air Corps Special Services per essere successivamente assegnato come alla Embry-Riddle Aeronautical Institute, attiva nella formazione di piloti da caccia. Fu inviato successivamente in Sud America e lavorò con il generale "Hap" Arnold sempre alla formazione dei piloti delle forze britanniche ed Americane.

Rientrato a Miami alla fine della seconda guerra mondiale, fondò insieme a due soci il Miami Publicity Bureau di cui fu il capo fotografo per i successivi 17 anni. In questo periodo scattò tantissime fotografie della fauna selvatica delle Everglades, oltre che della città di Miami che continuava a divenire un gigante del turismo.

Nella sua vita ha pubblicato oltre 300 fotografie per le più grandi testate ed organizzazioni americane e non tra le quali il Miami Daily News, Outdoor Life, The New York Times, il National Geographic, Popular Photography, Outdoors Unlimited, Field & Stream, Popular Boating, U.S. Camera, Look Magazine.

Tutte le fotografie di Ebbets sono attualmente in visione e in acquisto presso il sito ufficiale (gestito dalla figlia) a questo indirizzo (a parte le miniature in giro per la rete): http://www.ebbetsphoto-graphics.com/.

David Seymour

David Szymin nacque il 20 novembre del 1911 a Varsavia, in Polonia, in una famiglia che lavorava nel campo dell'editoria e che nella vita aveva prodotto diverse opere yiddish ed ebraiche. In seguito allo scoppio della prima guerra mondiale, la famiglia si dovette trasferire in Russia dove trascorse diversi anni prima di far ritorno a Varsavia nel 1919.

Negli anni seguenti studiò la stampa a Lipsia e poi nel 1930 chimica e fisica a Sorbona, l'anno dopo, nel 1931, iniziò ad appassionarsi alla fotografia e decise di restare a Parigi.

Durante la sua permanenza nella capitale francese fece amicizia con i fotografi Robert Capa e Henri Cartier-Bresson, il primo gli prestò una sua macchina fotografica e dal quel momento Seymour non se ne separò più.

Prima di iniziare a lavorare come fotografo freelance decise di cambiare il suo nome in "chim" ispirandosi al suo cognome, Szymin che cambiò in Seymour quando emigrò negli USA.

Alla fine del 1930 partecipò a diversi eventi politici importanti, mentre nel 1934 le sue storie illustrate iniziarono a diventare famose e apparvero regolarmente sul Paris-Soir.

Negli anni che vanno dal 1936 al 1938, Chim fotografò la guerra civile spagnola, in particolare ritrasse l'impatto che la guerra ebbe sui civili a Barcellona, le sue foto attirarono l'attenzione pubblica e furono pubblicate su varie riviste francesi.

Quando scoppiò la seconda guerra mondiale si trasferì a New York, dove, come già detto in precedenza, adottò il nome di David Seymour; i suoi genitori furono uccisi dai nazisti.

Tra il 1942 2 il 1945 servì il paese entrando a far parte dell'esercito degli Stati Uniti, fu addestrato come foto-interprete per decifrare le fotografie scattate con gli aerei delle aree di guerra, in seguito al suo ottimo lavoro ricevette una medaglia per il suo perfetto spirito di osservazione e per la sua elevata intelligenza.

Nel 1947 fondò la Magnum Photos insieme a George Rodger, William Vandivert, Capa e Cartier-Bresson; nel 1948 fu chiamato dall'UNICEF per fotografare dei bambini europei che vivevano in condizioni disagiate.

La nascita della Magnum Photos servì al gruppo di fotografi per organizzare il proprio lavoro e per evitare problemi di diritti d'autore sulle proprie foto.

Dopo aver fotografato i bambini europei in difficoltà, continuò a fotografare grandi storie in tutta l'Europa, riuscendo ad immortalare la sofferenza, la gioia, la malinconia e il dolore in ogni luogo in cui la vita lo condusse.

Inoltre, immortalò diverse star di Hollywood, tra cui Sofia Loren e Joan Collins e la nascita dello Stato D'Israele, evento che segnò particolarmente la storia di quel paese.

Dopo la morte di Robert Capa, Chim diventò il nuovo presidente della Magnum, la prima cosa che chiese ai membri fu quella di fare testamento, poi decise di allargare le aree di competenza dei fotografi anche a notizie di intrattenimento e di viaggi con lo scopo di rendere più redditizio il lavoro dell'agenzia ed avere i fondi necessari per mantenerla.

Chim si considerava un fotografo "artigiano", non si riteneva un vero artista ma incoraggiava sempre i suoi colleghi fotografi a fare arte.

Ricoprì il suo ruolo nella Magnum fino al 10 novembre del 1956, quando, in viaggio nei pressi del Canale di Suez per coprire uno scambio di prigionieri durante la guerra arabo-israeliana, fu ucciso da un egiziano.

Chim non aveva ne moglie ne figli; la sua eredità comprendeva immagini indimenticabili che raffiguravano la vita di persone come lui, persone che hanno sofferto a causa delle azioni della guerra.

Dopo dieci anni dalla sua morte, il suo amico Henri Cartier-Bresson disse: "Chim prese la sua macchina fotografica allo stesso modo in cui un medico prende il suo stetoscopio dalla borsa, applicando la sua diagnosi alla condizione del cuore. Il suo era vulnerabile".

Diane Arbus

Diane Arbus (cognome acquisito da sposata, ma nata come Diane Nemerov) è una delle più grandi e controverse esponenti della corrente espressiva e realista della fotografia americana. Pioniera della fotografia come espressione artistica, Diane Nemerov Arbus, condusse una vita al limite fra luci ed ombre: da un lato il lavoro nel mondo della moda, le copertine satinate della società agiata e perbenista, dall'altro lato il mondo oscuro della depressione, delle classi sociali inferiori con cui Diane sente di avere un legame speciale, proibito.

Le opere di Diane sono oscure, enigmatiche. Sondano le profondità di una società rifiutata, fatta di emarginati e "fenomeni da baraccone" (come vengono chiamati all'epoca i travestiti, i circensi, le persone disabili ed i poveri) che Diane fa prepotentemente emergere, quasi a sfidare il mondo da cui proviene. Non c'è voyeurismo nelle sue opere anzi, è puro realismo e si avverte il forte legame che la fotografa instaura con questi personaggi incompresi. Lo stile fotografico è semplice, senza inibizioni, sobrio, anche se delle volte sfiora il grottesco ed il surreale. Di base c'è sempre la provocazione: che sia verso alcuni soggetti ritratti, facendo scaturire in loro forti emozioni (un esempio è il bambino della foto "Child with Toy Hand Grenade in Central Park" che Diane fa stare lungamente in posa finchè questi non perde la pazienza) o che sia diretta a chi guarda.

14 marzo del 1923, New York. In una famiglia ebraica benestante, nacque Diane Nemerov, seconda di tre figli. I suoi genitori, David Nemerov e Gertrude Russek's, erano a capo di una catena di pelliccerie, la Russek's. Diane crebbe in un ambiente agiato ma soffocante ed iperprotettivo in cui, in ogni caso, non mancò la vena artistica. Il padre di Diane, amante della pittura, a più riprese incoraggiò la figlia a sviluppare il suo talento artistico. Per questa ragione, durante la frequenza della Ethical School e della Fieldstone School, Diane venne iniziata al disegno.

Nel 1941 Diane si sposò con Allan Arbus (che conobbe qualche anno prima), un impiegato della ditta di famiglia. La famiglia di Diane fu molto contrariata della scelta a causa delle differenze sociali tra i due. Come conseguenza, i rapporti tra Diane e la famiglia si fecero tesi e solo con il padre non interruppe del tutto i rapporti. I coniugi Arbus fecero quasi subito l'ingresso nel mondo della fotografia, realizzando proprio il primo servizio per i magazzini Russek's.

Doon, la prima figlia, naque nel 1945. In questo periodo e fino agli anni 50, i coniugi vissero un'intensa vita sociale, lavorando per magazine di moda molto famosi e facendo servizi fotografici militari per l'esercito. Durante uno di questi eventi mondani, Diane incontrò molte illustri personalità fra cui un giovane Stanley Kubrick, che rimase affascinato dalla foto che ritrae due gemelline. Foto che, come molti di voi ricorderanno, viene citata da Kubrick nel film "Shining" con l'inquietante premonizione, fra l'altro, della donna nella vasca da bagno.

Nel 1954 nacque la seconda figlia, Amy. La relazione tra Allan e Diane cominciò a deteriorarsi pesantemente tanto da costringere la coppia inizialmente ad una separazione artistica e quindi alla separazione vera e propria, avvenuta nel 1957. Diane, in ogni caso, decise di conservare il cognome Arbus, soprattutto per non perdere la fama acquisita negli anni.

Conclusosi il matrimonio, Diane cercò nuovi spunti, fuggendo il mondo della moda. Fu l'artista Lisette Model, della quale diventò amica (1956), a indirizzarla verso il realismo, a creare il proprio stile e ad esplorare l'inesplorato. Da cui la decisione di inoltrarsi nei bassifondi, un mondo sempre a lei precluso. Diane scoprì così i freaks e le miserie degli emarginati. Cominciò a frequentare club, locali ed il Museo dei Mostri di Hubert (1960) che la portò a conoscere l'altra faccia della "normalità". Attraversò in seguito un periodo nudista e sviluppò un ossessione per il doppio, molto ricorrente nelle sue opere.

Pubblicò alcune foto nel 1961 su Harper's Bazaar e conseguì due borse di studio al Guggenheim nel 1963 e nel 1969.

La sua prima esposizione avvenne al MOMA di New York (1965) dove le sue opere non vennero comprese ma anzi duramente criticate. Andò meglio con la seconda mostra, nel 1967, sempre al MOMA in occasione dell'evento "Nuovi documenti" in cui il critico Szarkowski, stabilì i nuovi canoni della fotografia contemporanea, esaltando l'opera di Diane. Nel mentre, Diane cominciò ad insegnare in alcune scuole quale tentativo di sfuggire alla depressione. Sfortunatamente per l'artista, scoprì che gli antidepressivi assunti le provocarono una grave forma di epatite, ingigantendo la sua stessa depressione. Nell'ultimo periodo della sua vita cercò di riallacciare i rapporti con il New York Times ma la sua passione per la fotografia sembrò scemare.

Il 26 luglio 1971, a New York, Diane Arbus si suicidò a quarantotto anni. Venne ritrovata qualche giorno dopo, nella vasca da bagno: vene tagliate, flaconi di barbiturici vuoti. Nessun biglietto, nessuna lettera, solo una pagina di diario con annotata la data del suicidio e la dicitura "Ultima cena". Lisette, più tardi, affermò di aver ricevuto un biglietto da Diane con delle spiegazioni, ma non ne rivelò mai il contenuto.

Nel 1972 si tenne una mostra commemorativa al MOMA e poi un'altra alla Biennale di Venezia, riconoscimento postumo del grande valore artistico di Diane. Seguì un'altra importante mostra, nel 2004 "Diane Arbus Revelation" con esposto molto materiale biografico dell'artista.

Infine nel 2006, sulla vita di Diane, venne realizzato il film "Fur" di Steven Shainberg con Nicole Kidman.

Dorothea Lange

Dorothea Lange, nata a Hoboken (New Jersey) da immigrati Tedeschi il 26 Maggio 1895, è stata una dei più importanti fotografi americani durante la grande depressione de 1930.

Dorothea, segnata da due gravi episodi nella sua infanzia (l'abbandono da parte del padre – da cui l'uso del cognome della madre – e la poliomielite contratta all'età di 7 anni), decise di diventare una fotografa professionista mentre stava diplomandosi per diventare un'insegnante (tra il 1914 ed il 1917).

I suoi inizi furono al soldo di Arnold Gen e Charles H. Davis (due fotografi attivi nella sua città e proprietari dei due rispettivi studi fotografici) per poi spostarsi nel 1919 in San Francisco dove aprì il suo personale studio fotografico (nel frattempo aveva anche seguito un corso alla Columbia University) che andò a gonfie vele fino all'arrivo della grande depressione, nel 1930.

Nel frattempo, nel 1920, Dorothea si sposò con Maynard Dixon, un pittore, per poi separarsi nel 1935.

L'arrivo della grande depressione (crisi economica, obsolescenza tecnologica, disastri naturali) fu anche l'inizio della svolta per la carriera di Dorothea Lange che decise di catturare nelle sue fotografie la disperazione della gente messa in ginocchio dalla crisi. Molto famoso è il suo scatto White Angel Breadline (1932), scattata immediatamente fuori dal suo studio, in San Francisco. Come si può vedere dallo scatto, riprende una folla di uomini disoccupati in attesa di aiuti. Il punto focale dello scatto è un uomo anziano, chino su una ringhiera, che tiene in mano una tazza.

Molti scatti di Dorothea Lange furono esposti presso lo studio del fotografo Willard Van Dyke in Oakland che si prodigò anche nella descrizione delle sue fotografie nel suo Camera Craft.

La fama di Dorothea era comunque cresciuta notevolmente, tanto che un sociologo e economo (Paul S. Taylor) dell'università della California cominciò ad usare i suoi lavori all'interno del suo studio sui disagi delle popolazioni colpite dalla crisi. Paul S. Taylor divenne anche il secondo marito (nel 1935) di Dorothea e la stessa collaborò alla redazione di An American Exodus: A Record of Human Erosion (1939).

Nello stesso anno del secondo matrimonio, Dorothea Lange fu invitata a divenire parte del Resettlement Administration (meglio nota come Farm Security Administration – FSA –, un ente governativo creato da Roseevelt nel tentativo di uscire dalla povertà) in qualità di fotografa, sotto la guida di Roy Stryker. Alla Lange si unirono altri nomi importanti della fotografia made in USA: Arthur Rothstein, Carl Mydans, Walker Evans eBen Shahn. La loro attività andò Avanti fino al 1942 quando l'unità fu spostata sotto il

War Information Office (molti suoi scatti furono pubblicati, in forma anonima, sul Victory Magazine).

"Migrant Mother" (1936), uno dei suoi lavori più importanti, fu realizzato sotto la FSA.

Durante la seconda guerra mondiale, Dorothea Lange lavorò agli ordini della War Relocation Authority, sul fronte giapponese della stessa guerra. Tutti gli scatti rimasero però segreti fino al 1972 quando furono per la prima volta resi pubblici nel libro Executive Order 9066 di Maisie and Richard Conrat.

Nel 1945, Dorothea fu reporter ufficiale della conferenza delle Nazioni Unite in San Francisco per il dipartimento di stato americano. In contemporanea, lavorò attivamente per le testate Life ("Three Mormon Towns" nel 1954 e "The Irish Country People" nel 1955) e Aperture ("Death of a Valley" nel 1960).

Il massimo riconoscimento arrive postumo: nel 1966 I suoi lavori furono esposti al MOMA (Museum of Modern Art). Dorothea Lange morì un anno prima, nel 1965, a causa di un cancro. In tutta la sua vita artistica, Dorothea ha sempre perseguito lo stesso tema: quello delle persone invisibili, della poverà, della sofferenza.

Edouard Boubat

Edouard Boubat è uno dei massimi interpreti della fotografia umanista francese, capace di ritrarre la vita quotidiana dei cittadini francesi nel dopoguerra in tutta la sua semplicità, comunicando un'intensa joie de vivre.

Non a caso Boubat è da sempre rinominato come il poeta della fotografia ed il ritrattista della pace. Il suo intento è sempre stato quello di celebrare la vita, traspare evidentemente in ogni suo scatto, di ricercare la bellezza nella semplicità. Questa è l'arte di Boubat: romantica, sensibile ed ispirata.

I soggetti di Edouard Boubat sono le persone comuni, i bambini, le famiglie di cui vengono rappresentate la crescita, i legami, lo stupore dell'infanzia, la nascita ed anche la solitudine. Il modo in cui Boubat cattura i suoi soggetti, in apparenza, può sembrare casuale ma in realtà queste immagini sono realizzate con sapienza e maestria: ne è un esempio il bambino con gli occhi chiusi che ascolta il suono del mare in una conchiglia o il bambino che guarda l'interno di un negozio attraverso un vetro, o ancora un uomo con un bambino in braccio davanti al mare.

Nelle foto di Boubat non c'è mai la ricerca dell'effetto che renda la foto spettacolare ma piuttosto la cattura dell'attimo irripetibile tanto celebrato da Bresson. Nelle sue immagini non ci sono preconcetti, non c'è l'intervento diretto del fotografo che ci mette la tecnica (o meglio, questo viene fatto con garbo e con discrezione).

Il segreto della grandezza dell'arte fotografica di Boubat è tutta nel riuscire a ritrarre la naturalezza, nel rendere visibile la serenità, il silenzio, i sentimenti. La fotografia è ben più di ciò che si sta guardando.

Edouard Boubat nacque il 13 Settembre 1923 a Montmartre, celebre quartiere parigino degli artisti. La sua educazione si sviluppò fra il '38 ed il '42, periodo nel quale studiò all'Ecole Estienne di Parigi.

Il primo approccio di Boubat con la fotografia avvenne solo dopo la seconda guerra mondiale, periodo nel quale lavorò come incisore in una fabbrica (anni 40). Sconvolto dall'orrore causato dal conflitto mondiale, decise di non ritrarre mai scene di violenza e di morte nelle sue foto ma "limitarsi" a celebrare la vita, in ogni suo aspetto.

Nel 1946 Boubat comprò la sua prima macchina fotografica, una Rolleicord 6×6: per farlo vendette i sei volumi del suo dizionario. L'acquisto fu però ben ripagato, tant'è di lì a poco pubblicò il suo primo lavoro, La petite fille aux feuilles mortes du Luxembourg, una raccolta di diversi suoi scatti. Le sue opere di ritrattistica, caratterizzanti la raccolta di cui sopra, vennero riconosciute con il premio Kodak nel 1947. Nello stesso periodo Boubat ebbe modo di entrare in contatto con personaggi molto noti del panorama fotografico come Robert Frank ed ebbe modo di esporre le sue opere con Brassai e Doisneau. Il 1947 fu anche l'anno della conoscenza di Lella, un'amica di famiglia, che divenne sua moglie ma anche la sua musa ispiratrice. Nel 1949 espose le sue opere alla Bibliothèque Nationale di Parigi ed agli inizi degli anni 50 alla galleria la Hune.

Boubat inizò a lavorare come fotoreporter per la rivista Realites nel 1951, un must culturale dell'epoca, ritraendo il lavoro e la vita degli artigiani parigini. Venne selezionato, nel 1955, per partecipare alla mostra The Family of man al MOMA e l'anno dopo intraprese un viaggio in Portogallo, preceduto da un reportage sul pellegrinaggio verso Santiago de Compostela. Due anni dopo Boubat andò in Iraq per documentare la lotta contro la malaria operata dal dottor Luigi Maria il reportage venne pubblicato su World Health).

Agli inizi degli anni '60, Boubat divenne un artista famoso ed apprezzato in tutta Europa che girò in lungo ed in largo (inclusa l'Italia) in compagnia della moglie e della sua inseparabile Leica. Oltre all'Europa, Boubat fece viaggi e reportage anche in India, America del Sud e molte località in Oriente.

Nella seconda metà degli anni '60 abbandonò Realites per giungere alla corte di Top-Rapho (dove lavorava l'amico Doisneau). Negli anni 70 ottenne il riconoscimento David Octavius Hill ed il premio Grand Prix Du Livre per l'opera La Survivance (1977), una delle tante che realizzò nel corso della sua lunga carriera.

Negli anni '80 arrivarono molti altri premi per Boubat fra i quali il Grand Prix National de la Photographie a Parigi ed il Fondation Hasselblad

Gli anni '90 furono gli ultimi della carriera di Boubat, incentrati sui Caraibi. Il lavoro prodotto fu esposto al "Lumiere de la mer" al festival Terres d'Iimages di Biarritz nel1999.

In quello stesso anno, il settantacinque Edouard Boubat, muorì di leucemia.

Le sue opere vengono a tutt'oggi ancora esposte e celebrate. Nel 2007, in particolare, alcune opere di Boubat furono inserite, per la prima ed unica volta in Spagna, nella rassegna "Mujer, etcétera. Moda y mujer en las colecciones" di Barcellona, una mostra collettiva organizzata dalla Fundacion Foto Colectania.

Edward Weston

Edward Weston nasce ad Highland Park, in Illinois, il 24 marzo 1886. Si avvicina alla fotografia a soli 16 anni, ovvero quando si trasferisce dall'Illinois nel sud degli Stati Uniti, in California.

Inizialmente trova impiego come assistente ritoccatore in uno studio fotografico, mentre nel 1911 riesce a mettersi in proprio aprendo uno studio nella città di Tropico, che diventerà poi il punto di riferimento del suo lavoro per i successivi venti anni.

Nel 1922, nel corso di un viaggio in Ohio, da origine ad una serie di scatti che simboleggiano una svolta nella sua carriera. Passa da uno stile pittorialista ad una fotografia più chiara e definita, focalizzandosi sulle forme astratte di oggetti di carattere industriale e di elementi organici.

Qualche anno più tardi, dal 1923 al 1927, lavora in Messico al fianco di Tina Modotti, fotografa e attrice italiana, con cui ha anche una relazione.
A Città del Messico frequenta numerosi circoli bohèmien, dove stringe amicizia con diversi esponenti del Rinascimento messicano e sviluppa per bene lo stile maturato durante il precedente viaggio, mutando del tutto le proprie abitudini.
In questo periodo, grazie alle sue frequentazioni, riesce anche a ritagliarsi il proprio mercato.

Durante il periodo trascorso in Messico incentra il suo lavoro sui rapporti tra forma e soggetto, realismo e astrazione; è alla continua ricerca di un'immagine che sia completamente vera, pulita e priva di ogni artificio che le toglie naturalezza.

Arriva a cercare una realtà che supera la realtà; vuole imprimere su pellicola l'oggettività. Weston è meravigliato dalla totale obiettività di un apparecchio fotografico e questo lo racconta anche più volte lei suoi Day Books.

Pochi anni dopo, nel 1932, fonda assieme ad Ansel Adams il Gruppo f/64, il cui termine è un riferimento alla minima apertura di diaframma nello scatto e al conseguente valore massimo di profondità di campo.
Lo scopo primario è quello di riunire alcuni fotografi appartenenti alla straight photography; tra i nomi più famosi che aderiscono: Imogen Cunningham, Willard Van Dyke, John Paul Edwards, Consuelo Kanaga, Sonya Noskowiak, Henry Swift.

Anche in questo caso ricorre il tema dell'oggettività. Gli scatti dei fotografi appartenenti al Gruppo f/64 si basano sulla perfezione tecnica e stilistica, senza dar modo alla fantasia di chi guarda di poter interpretare la fotografia e darne eventualmente un secondo significato.

Tutto ciò che non è perfettamente a fuoco o perfettamente stampato viene considerato come impuro.

Per Weston soprattutto il fotografo deve già visualizzare la foto dentro di sé prima di scattarla.

Nel 1946 Weston inizia a soffrire di Parkinson, malattia che lo costringe solo due anni più tardi ad abbandonare la fotografia.

Scatta la sua ultima foto a Point Lobos, nel 1948, su una spiaggia che ora, in suo onore, si chiama Weston Beach.

Trascorre gli ultimi anni della sua vita chiuso in casa a revisionare le sue fotografie e ad occuparsi degli scatti realizzati dai figli Brett e Cole.

Muore a Wildcat Hill il 1° gennaio 1958.

Weston è considerato uno dei maggiori fotografi americani della prima metà del novecento. Non ha lasciato in eredità solamente i suoi scatti ma anche un preciso modo di intendere la fotografia.

Durante la sua carriera si accorge di avere una smisurata passione per la natura come soggetto, nella quale ricercare un'immagine pura.

Attraverso l'obiettivo Weston racconta un'America reale e cruda, fatta di luoghi desolati e territori aridi.

Raccoglie consensi tra il pubblico americano perché abbandona lo stereotipo di fotografia come arte. I suoi scatti non immortalano nulla che abbia tracce di posa, la sua fotografia è sincera.

Tra le opere più importanti pubblicate troviamo Idols Behind Altars (1929), California and the West (1940), Leaves of Grass (1941), My camera on Point Lobos (1950) ed infine Edward Weston: Fifty Years (1973), pubblicato dopo la sua morte.

Elliott Erwitt

Elliott Erwitt nasce a Parigi nel 1928 da genitori ebrei di origine russa e vive in Italia, a Milano, fino al 1938 quando la sua famiglia è costretta ad emigrare negli Stati Uniti a causa del fascismo e dell'entrata in vigore delle leggi razziali.

Giunto in America cambia il suo nome, americanizzandolo da Elio Romano Erwits all'attuale Elliott Erwitt. Vive per qualche anno a New York e poi si trasferisce a Los Angeles con il padre, che nel frattempo si separa dalla moglie, dove inizia a studiare fotografia al Los Angeles City College e poi cinema.

La sua carriera fotografica inizia in un laboratorio che realizza stampe autografate delle stelle di Hollywood e lavorando come fotografo per matrimoni e ricevimenti.

Di nuovo a New York per cercare un lavoro, Elliott Erwitt incontra e ha l'opportunità di conoscere personaggi che si riveleranno fondamentali nella sua carriera, quali Roy Stryker, all'epoca direttore del dipartimento di fotografia della Farm Security Administration, che lo assume per realizzare un progetto fotografico per la Standar Oil, e Robert Capa che poi lo inviterà a far parte della prestigiosissima agenzia Magnum Photos di cui è membro dal 1953.

Nel 1951 è arruolato nell'esercito degli Stati Uniti come assistente fotografico nel Signal Corps in Germania e Francia.

Successivamente inizia a lavorare come fotografo freelance per riviste come Life, Look, Holiday e come fotografo pubblicitario: alcune delle immagini più famose di Erwitt sono state scattate proprio durante uno dei suoi incarichi, ad esempio la celebre foto di Nixon che discute animatamente con Nikita Krusciov nel 1959 o l'immagine di Jackie Kennedy in lacrime al funerale del marito.

Negli anni Settanta e Ottanta, pur rimanendo prima di tutto un fotografo, inizia a lavorare anche come produttore e regista di lungometraggi, spot televisivi e documentari, ma dal 1990 torna a dedicarsi completamente alla fotografia, sostenendo, con una certa dose d'ironia, di essere costretto a continuare a fare questo lavoro per riuscire a pagare gli alimenti alle sue ex mogli (Erwitt è stato sposato quattro volte).

L'umorismo, lo sguardo benevolo ed ironico con cui ritrae i suoi soggetti sono le caratteristiche essenziali del lavoro di Erwitt e ciò che rende uniche le sue opere. Egli ha inoltre la capacità rara di prendersi poco sul serio: in un'intervista, comparsa sul sito della Magnum Photos, dichiara "Ho studiato fotografia leggendo le istruzioni sulla confezione del rullino"

I suoi scatti più noti sono quelli che colgono situazioni ironiche o apparentemente insensate, bizzarre o, ancora, volutamente ambigue, come nella serie "Museum

Watchers": l'immagine in cui una statua della dea Diana al MetropolitanMuseum of Art punta una freccia verso un inconsapevole visitatore di spalle è diventata un'icona della fotografia mondiale.

Tra i suoi temi più ricorrenti ed amati ci sono i cani ai quali Erwitt dedica moltissimi dei suoi scatti, tanto da riempire le pagine di alcuni dei libri pubblicati dal fotografo, tra i quali il celebre Son of Bitch del 1974, Dog Dogs del 1998 e Woof del 2005.

Probabilmente i ritratti dei cani sono i suoi scatti più noti e quelli che lo hanno consacrato come uno dei grandi fotografi di fama mondiale. Elliott Erwitt ha inventato un genere, un modo inedito di fotografare i cani, sopresi spesso in pose esilaranti e di cui evidenzia le qualità antropiche, proprio per descrivere la condizione umana.

In un'intervista dichiara, infatti, che le fotografie dei cani funzionano su due livelli "i cani sono buffi quando li cogli in certe situazioni e alle persone piacciono le foto perché amano i cani. Ma i cani hanno qualità umane, quindi le fotografie possono avere un punto di vista antropomorfico".

Attualmente Elliott Erwitt vive tra New York e East Hampton. E' impegnato a catalogare il suo immenso archivio fotografico e continua ad occuparsi di campagne pubblicitarie

Pur avendo viaggiato moltissimo ed in tutto il mondo per ragioni politiche e poi per lavoro, Erwitt ha sempre mantenuto un rapporto particolare con l'Italia, dove ha trascorso l'infanzia: per la Lavazza realizza il calendario del 2000 Families – Ritratti intorno al caffè e nell'ultimo decennio le sue opere hanno dato vita a mostre di grande successo in diverse città italiane.

Non a caso, pur non avendo ufficialmente origini italiane, il padre – architetto russo – lo chiamò Elio Romano, proprio in onore del paese dal quale era sempre stato profondamente affascinato.

Emmanuel Rudnitzky aka Man Ray

Emmanuel Rudnitzky, in arte Man Ray, è stato un artista completo, dedito all'arte in tutte le sue forme: poesia, pittura, scultura e cinematografia. Senza dimenticare, ovviamente, la fotografia.

Man Ray è considerato un artista eclettico, dissacrante, precursore del dadaismo e del surrealismo, al punto che la sua fotografia viene considerata come l'anello di congiunzione, il ponte tra i due stili.

Man Ray ha saputo creare un suo stile, sempre in bilico tra le due categorie e sempre differente da entrambi. Man Ray ha infatti sempre fatto una fotografia fuori dagli schemi: sperimentale, disorientante, istintiva, regolarmente e costantemente fuori dai canoni e dalle regole.

Man Ray è al di sopra delle categorie, degli stili, delle classificazioni. Egli gioca con esse, le manipola, ne sconvolge le regole e trova sempre nuovi modi per rivoluzionarle e per mostrare all'osservatore che logica e regole non possono avere la meglio su istinto, idee ed emozioni.

La costante valicazione delle tecniche apprese negli anni di formazione rende Man Ray uno spirito indipendente, gli regala la libertà espressiva che lo porta ad elaborare nuove tecniche come i Rayographs: immagini ottenute impressionando le ombre degli oggetti sulla carta fotografica e la solarizzazione delle immagini, ottenuta attraverso l'utilizzo di un potente fascio di luce rivolto verso la carta fotografica durante le operazioni nella camera oscura. Lo sperimentare, il tentare tanto in fase di scatto quanto in fase di sviluppo, hanno portato Man Ray a realizzare delle foto uniche casualmente: tantissimi suoi lavori sono infatti frutto di incidenti involontari.

La verità sulla fotografia di Man Ray, nonché e la chiave di lettura della stessa, è da ricercarsi quindi nel modo in cui il fotografo scatta le sue fotografie: lo scatto è sempre frutto di una sperimentazione, di un tentativo di colmare la distanza fra soggetto e artista, qualcosa che va oltre la tecnica. La sperimentazione è per esempio molto evidente i opere quali "Cadeau" e "Obstruction". Oppure in "Le violon d'Ingres" in cui l'artista fotografa l'amante e modella Kiki de Montparnasse, in un omaggio a Ingres, con delle f disegnate sulla schiena. Man Ray, nei suoi scatti, riassume se stesso e la sua vita: la passione per la fotografia, l'amore per le donne, per l'arte e la sua continua ricerca.

Emmanuel Rudnitzky nacque a Filadelphia nel 1890, in una famiglia di ebrei immigrati dall'Ucraina alla Bielorussia. A sette anni Emmanuel si trasferì a New Yord con i genitori, il fratello e la sorella e cominciò a frequentare la Boys High School. Dopo gli studi liceali decise di non seguire le orme dei genitori, lavorando nella fabbrica tessile ma continuò con gli studi, concentrandosi sull'arte e frequentando la scuola di Belle arti di New York nonché il 219 di Stieglitz.

A diciotto anni iniziò la sua carriera da fotografo, presso uno studio grafico di New York, e più o meno nello stesso periodo si sposò con Adon Lacroix, una poetessa belga che lo introdusse nel mondo degli artisti francesi. In questo periodo la sua famiglia cambiò il cognome in Ray e lui iniziò a firmare le sue prime opere come Man Ray.

Verso il 1915 incontrò diversi artisti europei, fondò una rivista americana dadaista aiutato dalla moglie, rivista che però venne abbandonata poco dopo, in quanto si rese conto che il dadaismo non riscontrava critiche favorevoli. Man Ray, nello stesso periodo, tenne anche la sua prima mostra nella Daniel Gallery di New York.

All'inizio degli anni venti si separò dalla moglie ed iniziò una proficua collaborazione fotografica con Marcel Duchamp. Conobbe Breton e si trasferì a Parigi. Vinse parecchi premi, incontrò artisti del calibro di Picasso e, in qualità di regista, girò il suo primo film "Retour a la raison" (1923). Man Ray lavorò anche per Vogue, nel 1924, dove conobbe Kiki de Montparnasse. Iniziò lo studio delle nuove tecniche fotografiche, studio che lo accompagnò fino al nuovo decennio, quando decise di lasciare momentaneamente la fotografia a vantaggio della pittura. Ma Man Ray fu un pittore di scarso successo.

Nel 1940, con l'arrivo dei nazisti, Man Ray fu costretto a fuggire dalla Francia. Ritornò in America, ad Hollywood, dove conobbe la sua seconda moglie, Juliet Browner, che sposò nel '46. In questi anni si dedicò all'insegnamento ed alle mostre, affrontando anche un periodo di depressione che lo spinse ad intraprendere un viaggio on the road in America in compagnia di un amico, salvo chiedere successivamente a Juliet di raggiungerlo.

Dopo undici lunghi anni, Man Ray ritornò a Parigi dove riprese le sue due passioni: fotografia e pittura. Negli anni sessanta partecipò alla biennale di Venezia ed espose al MOMA in una mostra dadaista (1968).

Nel 1971 gli vennero dedicate due retrospettive, rispettivamente a Rotterdam ed a Milano. Nel 1976 il governo francese gli assegnò l'ordine per merito artistico ed in questo stesso anno morì, all'età di 86 anni. Attualmente riposa nel cimitero di Montparnasse affianco alla sua amata Juliet.

Erich Salomon

Erich Salomon si può considerare il precursore della foto di gossip nonché precursore della fotografia intesa come inchiesta sociologica e di quello che divenne il leitmotiv della fotografia di Bresson, ovvero la cattura dell'attimo, unico ed irripetibile. Elegante, modesto, posato, astuto: questo è Erich Salomon, protagonista del fotogiornalismo in una Germania anteguerra. Rivoluzionario, paparazzo con stile. O meglio, considerando che il termine paparazzo fu coniato decisamente molto dopo la morte del fotografo, Erich Salomon era un "Bildjournalist" ovvero un fotogiornalista.

Salomon divenne un giornalista rivoluzionario quasi per caso e lo divenne in tarda età, praticamente quarantenne, deciso a dare una ventata di novità al mondo del fotogiornalismo. Con il suo stile pulito, elegante e discreto, Salomon rubava scatti incredibili che lui definiva "momenti di disattenzione". I suoi soggetti preferiti erano i politici, gli ambasciatori, le celebrità che ha saputo catturare in situazioni ufficiali, come feste, gala, riunioni importanti, sempre cercando di evitare le pose, catturando quindi i suoi soggetti in atteggiamenti naturali, non artificiosi, non costruiti.

Ecco l'innovazione introdotta di Erich Salomon: distaccarsi dalle foto rigide e dalle pose convenzionali che i suoi colleghi erano soliti mettere in scena, cogliendo invece la spontaneità, l'autenticità, senza voyeurismo e senza la fissazione dell'estetica. A riprova di questa fotografia così particolare per l'epoca (ma che oggi è pressoché la norma, tra i paparazzi), fu coniata l'espressione candid camer per identificare il suo stile candido, spontaneo, le pose naturali ed il suo essere sempre nel posto giusto al momento giusto con discrezione.

Grazie all'attrezzatura piccola e leggera di cui era dotato e soprattutto alla sua astuzia, Salomon riuscì a partecipare ad un gran numero di eventi riservarti, processi in cui non sono ammessi giornalisti e quindi a scattare foto esclusive e memorabili. Non a caso è stato soprannominato "Houdini della fotografia" e "Cameraman invisibile" a caso.

Da Solomon in poi, il fotogiornalismo non è più lo stesso: furono tantissimi i fotografi che seguirono il suo esempio ma davvero in pochi sono stati capaci di emulare il suo genio e la sua eleganza.

Salomon Erich nacque nel 1886 a Berlino da una famiglia di banchieri, di origine ebrea. Erich venne convinto da giovane ad intraprendere la carriera di avvocato, ma le sue più grandi passioni furono la fotografia e la zooologia.

Immediatamente dopo la laurea fu arruolato nell'esercito del Kaiser, durante la prima guerra mondiale (1914). L'esito della guerra per il giovane Erich non fu dei più positivi tant'è che venne fatto prigioniero durante la battaglia di Marna e tale rimase per circa quattro anni, in qualità comunque di interprete.

Nel dopoguerra la famiglia di Salomon cadde in disgrazia economica perdendo gran parte dei suoi averi. Erich decise di buttarsi nel mondo della borsa, per divenire successivamente socio di una fabbrica di pianoforti, quindi proprietario di un servizio di noleggio di mezzi di trasporto elettrici. Tutte queste imprese fallirono inesorabilmente ma Salomon non si scoraggiò mai, iniziando a dare consigli finanziari ai clienti dell'auto noleggio.

Come accennato, i primi passi nel mondo della fotografia furono mossi molto tardi, oramai più che quarantenne. La causa scatenante fu un ciclone abbattutosi in città. Salomon si trovò ad essere spettatore della tempesta e, quando scoprì l'esistenza di un giornale che alla ricerca di un reportage fotografico dell'accaduto, senza pensarci due volte iniziòad andare in giro a scattare fotografie.

Fu il 1925 quando venne assunto dalla casa editrice Ullstein, che decise di metterlo ad occuparsi della cartellonistica pubblicitaria. La Ullstein fu un'impresa editoriale molto famosa, tanto da evolvere, sotto la direzione di Szafranski, verso un'editoria più legata alla realtà, puntando tanto sui fotoreportage. Cogliendo la palla al balzo, Salomon si fece assegnare un reportage sulla protesta dei contadini contro, guarda caso, il posizionamento proprio dei cartelloni pubblicitari nella loro proprietà. Le foto che scattò vennero adoperate come prove durante il processo che seguì. Iniziò qui ufficialmente la carriera di fotografo di Erich Salomon.

Un altro reportage di successo firmato da Salomon fu quello del processo ad un serial killer in cui, nell'aula, non furono ammessi giornalisti. Salomon nascose la macchina fotografica in una bombetta e riuscì ugualmente a scattare le foto che vennero poi pubblicate su Berliner Illustrierte riscuotendo molto stupore e successo. Seguì subito un ulteriore processo per omicidio, dopodiché Salomon decise di dedicarsi a Gala, alle conferenze internazionali ed eventi di spicco in giro per il mondo. In Inghilterra, in particolare, scattò una foto all'Alta Corte d'Appello durante la votazione per una sentenza di morte: un reato non da poco, tanto che le fotografie in questione vennero censurate per molto tempo. Salomon si spostò dall'Inghilterra alla California dove scattò una delle sue foto di più grande successo: Marlene Dietrich che parla assonnata al telefono con la figlia rimasta a Berlino.

Negli anni 30 Salomon raggiunse l'apice della sua carriera e pubblicò il libro Famous Contemporaries in Unguarded Moments ma nel 1932, tornato in Germania, dovette scontrarsi con la scalata al potere di Hitler. Salomon fu quindi costretto a lasciare definitivamente la terra natia per rifugiarsi in Olanda dove si dedicò ai teatri, alle sale da concerto e successivamente cominciò a collaborare con Life.

Nel 1940 l'Olanda venne attaccata dai nazisti e tre anni dopo Salomon, sua moglie e suo figlio furono costretti a nascondersi. Nel 1944 furono però scovati e mandati prima a Theresienstadt e poi ad Auschwitz dove trovarono la morte appena un mese prima dello sbarco in Normandia.

Nel 1971 venne istituito il Dr. Erich Salomon Prize in onore dell'illustre fotografo dalla breve ma brillante carriera.

Ernst Haas

Ernst Haas nacque nel 1921 nella città di Vienna ed è stato uno dei foto-giornalisti più famosi del suo tempo, in particolare per i suoi scatti a colori. Ha cominciato i suoi studi nella nativa Austria, dal 1935 al 1938 presso il collegio viennese privato LEH Grinzing dove si è avvicinato all'arte letteratura, poesia e scienza. Nel 1938 fu costretto ad interrompere gli studi a causa della Seconda Guerra Mondiale e della conseguente invasione tedesca.

Durante l'occupazione, il giovane Haas fu inviato presso un campo di lavoro tedesco dove ottenne, in cambio di 6 ore di lavoro quotidiano, la possibilità di studiare per altre due. Cosa che gli permise di ottenere un diploma, al Rainier Gymnasium, due anni dopo (1939). L'ano successivo, nel 1940, riuscì a rientrare a Vienna per iscriversi a medicina, esperienza che si concluse appena l'anno seguente a causa delle sue radici ebraiche.

Durante tutti questi anni, Erns Haas non dimenticò l'amore per le arti (il padre era un fotografo dilettante) e si innamorò della fotografia nel 1940 a seguito della morte del padre: entrò infatti nella camera oscura del genitore per sviluppare delle foto di famiglia. Esperienza che lo colpì in modo particolare segnandone il futuro. Negli anni seguenti cercò, da autodidatta, di espandere la sua conoscenza in questo settore sia utilizzando la biblioteca di famiglia, sia partecipando a corsi specifici (tra cui il Film Seminar di Max Reinhardt).

I suoi primi scatti come fotografo professionista sono stati effettuati con le Rolleiflex a doppio obiettivo, ottenuta in cambio di nove chili di margarina. Successivamente, alla fine del 1940, passò al 35mm usando una fotocamera a telemetro Leica, sua compagna fedele fino alla sua morte.

Nel 1946 Ernst Haas conosce Alfred Kubler, direttore della rivista "Du" che, notando i primi lavori di Haas, lo mise in contatto con Werner Bischof. Tra i due nacque una profonda amicizia e cominciarono a lavorare insieme per l'agenzia "Black Star". L'anno seguente (1947), Haas fece la sua prima esposizione fotografica presso la sede centrale della Croce Rossa Americana ed i suoi lavori furono notati da Warrant Trabant, direttore dell'"Heute", una rivista dedicata ai tedeschi di stanza nei territori occupati. Erns cominciò, insieme alla fotografa austriaca Inge Morath, una proficua collaborazione. Uno scatto in particolare, "Homecoming" (il ritorno in patria dei dei prigionieri di guerra austriaci), fu pubblicato dalla rivista Heute e dalla rivista Life.

A seguito di questo particolare scatto, Ernst fu notato da un altro grande fotografo, Robert Capa, che lo invitò a unirsi al gruppo dei "grandi" (Rodger, Cartier-Bresson, Bishof, Vandivert e lo stesso Capa) sotto le insegne della rivista Magnum.

In contemporanea anche la blasonata Life gli offrì un importante posto di lavoro. Incarico che però Ernst Haas rifiutò in quanto troppo "limitante", preferendo Magnum.

Il 1949 fu l'anno della conversione al colore e due anni dopo, nel 1951, si trasferì negli Stati Uniti. Qui, in particolare a New York, divenne una sorta di fotografo di strada, con scatti meno diretti rispetto ad altri colleghi quali Lisette Model e presentando uno spaccato meraviglioso, quasi poetico, della grande mela e della vita in quegli anni (pubblicato nel 1953 dalla rivista Life, sotto il nome di "Images of a Magic City").

Haas effettuò parecchi viaggi (anche se non abbandonò mai New York, definitivamente la sua casa) tra i quali quello presso il White Sands National Park in New Mexico (1952) dove si recò per riprendere la vita dei nativi americani, lavoro che fu pubblicato dalla rivista Life sono il nome di "Land of Enchantment".

Successivamente, nel 1957, visitò la Spagna e la corrida fu il suo soggetto preferito, presentata in una maniera differente rispetto a quanto già esistente, con un mix di colori e movimenti. Haas usò tempi di scatto molto lunghi in modo da non "congelare" i movimenti ma piuttosto di esaltare il portamento elegante e la luminosità del torero e del toro. Ancora una volta, questo lavoro fu pubblicato da Life con il nome di "Movement in sport".

Nel 1961 la rivista "Holiday" pubblicò un lavoro sull'Occidente ed i fiordi Norvegesi, caratterizzato da giochi di sfocature e immagini speculari.

L'anno successivo è l'anno del debutto televisivo: Ways of Seeing fu una miniserie di 4 puntate sulla, ovviamente fotografia. In contemporanea, il MOMA gli dedicò una mostra, chiamata Ernst Haas: Color Photography.

Fu anche direttore della fotografia per un film di John Huston (La Bibbia). Nel 1971, infine, pubblicò uno dei suoi lavori migliori, un set di filmati sulla natura, chiamati "The Creation".

Nel 1976 inaugura la Galleria Space insieme a Jay Maisel e Pete Turner. Il tema predominante della mostra era la fotografia a colori, suddiviso in tre grandi capitoli tutti dedicati alla fotografia naturalistica. Il primo capitolo dedicato agli elementi, la seconda e la terza sezione dedicata alle creature. Haas giocò con la luce, i colori ed i movimenti, "reinventando" un mondo in grado di incuriosire non solo gli spettatori di allora (si trattava in ogni caso di una novità) ma anche gli attuali.

Per quanto riguarda la sua vita privata, Haas sposò nel 1951 dalla quale si separò qualche anno dopo. Quindi nel 1962 sposò Cynthia Haas Buehr Seneque, un editore americano, dalla quale ebbe due figli, Alexander e Victoria.

Gisela Minke, una hostess tedesca, fu inoltre la sua compagna per parecchi anni. Fu lei ad incoraggiarlo a visitare il Tibet, visita dalla quale nacque la raccolta Himalayan Pilgrimage. Sei anni prima della sua morte, avvenuta nel 1986 a causa di un infarto, incontrò Takiko Kawai, che ebbe merito di introdurlo alla cultura e alle tradizioni del Giappone.

Haas ha usato la pellicola in bianco e nero per gran parte della sua carriera anche se la pellicola a colori e la pellicola cinematografica divennero parte integrante della sua fotografia.La sperimentazione era il suo "credo", ed ad Haas dobbiamo tecniche oramai usate quotidianamente quali la profondità di campo, la messa a fuoco selettiva, lo sfocato ed il movimento.

Haas si interessò, come affermava lui stesso, a "trasformare un oggetto da quello che è a ciò che si vuole che sia."

Eugene W. Smith

Eugene W. Smith è stato uno dei grandi protagonisti della fotografia del novecento americana. Considerato uno dei fondatori del reportage fotografico, Eugene ha avuto il merito di arricchirlo di aspetti reali ed emozionali, rendendo i suoi scatti vivi e immortali. Tale dedizione agli aspetti fedeli della realtà è però legata ad un dramma personale, ovvero la morte del padre, suicidatosi per la depressione in seguito alla crisi economica. La notizia della morte dell'uomo fu manipolata e distorta dai giornalisti, tanto da convincere il giovane Eugene a porre rimedio alla falsità dei giornalisti, promettendo a se stesso di realizzare esclusivamente reportage fotografici crudi e realisti.

Quella di Eugene W. Smith non fu certo una vita tranquilla, anzi: avventurosa fino al limite dell'autodistruzione, eppure sempre dedita alla creatività. Eugene W. Smith è stato ed è tutt'ora riconosciuto quale un grande genio della fotografia, tormentato e combattuto fra l'etica del giornalismo ed il desiderio di totale autonomia, dell'assenza di regole, di imposizioni, di preconcetti o censure. E proprio questo suo amino ribelle portò Smith ad essere in perenne conflitto con gli editori, complice anche il suo essere essere orgoglioso, inflessibile, puntiglioso e poco propenso ai compromessi.

Eugene ha sempre mirato molto in alto: ha speso tantissime delle sue energie in progetti irrealizzabili, nel tentativo (vano) di dar vita a grandi opere vacillanti. Purtroppo nei lavori del fotografo sono spesso mancate o coerenza o tecnica, cosa che ha finito col non permettere, da parte del fotografo, la presentazione agli editori di progetti finiti o semplicemente organizzati e quindi pubblicabili.

Il genio di Eugene è stato nel riuscire a catturare la realtà dell'immagine per ciò che è, trasmettendo la forza e la naturalezza dei sentimenti, che siano essi derivanti da tragedie o da eventi lieti. Per lo più è il dolore che compare ritratto nelle foto di Eugene W. Smith, derivante principalmente dai tanti momenti di depressione e di pessimismo che hanno costellato la sua vita. Inquietudine e turbamento traspaiono anche nelle foto che dovrebbero essere liete, come uno scatto dei sue due bambini (Walk to paradise garden) ritratti mentre camminano in mezzo alla natura, ovvero in mezzo ad un bosco molto tenebroso, cupo, capace di trasmettere paura ed ansia all'osservatore. Stupore, angoscia, sorpresa: sono questi i sentimenti che Eugene vuole suscitare con i suoi ritratti realistici in cui si percepisce l'immedesimazione, il disgusto per la violenza, l'orrore del dolore, come in Her Bath, definita la nuova pietà.

Eugene W. Smith nacquenel 1918 a Wichita, in Kansas. A 14 anni (1932) iniziò ad interessarsi al mondo della fotografia. Tutti gli scatti però realizzati in questo periodo non non sopravvivono allo spirito perfezionista del fotografo, tant'è che li distrusse tutti in quanto ritenuti troppo immaturi. Dal 1924 al 1936 frequentò le scuole cattoliche.

Nel 1936 si laureò presso la Wichita North High School. Nel frattempo, in famiglia, la situazione per il giovane Eugene non è affatto rosea, sia per il rapporto da sempre conflittuale con sua madre che domina tutti gli aspetti della sua vita, sia per il suicidio del padre, avvenuto nel 1936 a causa della crisi economica americana.

Nello stesso anno Eugene, venne ammesso alla Notre Dame University dove frequentò dei corsi di fotografia, abbandonati però molto presto per buttarsi nelle collaborazioni con i giornali. Il primo è un settimanale, Newaweek, che però lasciò nuovamente dopo poco tempo in quanto non era di suo gradimento l'attrezzatura che era obbligato ad adoperare, ovvero le macchine fotografiche Graphic 4×5. Sul finire degli anni trenta, Eugene W. Smith partecipò anche ad un corso amatoriale, il Carl Zeiss, e collaborò con la rivista Life come fotografo di guerra.

Agli inizi degli anni quaranta lasciò Life per la prima volta, per poi rientrarvi all'indomani del secondo conflitto mondiale quando si recò come reporter a Okinawa ed Iwo Jima. Durante gli scontri, venne ferito da una granata e nonostante i diversi interventi le schegge non furono eliminate tolte del tutto, a causa della vicinanza con la colonna vertebrale.

Dopo un lungo periodo di riabilitazione a seguito della granata, si dedicò al progetto "Spanish Village" ritraendo una città sotto il dominio del generalissimo Franco ed al reportage "Country Doctor". Il rapporto con Life si deteriorò ancora di più.

Negli anni cinquanta, Eugene entrò a far parte della Magnum lasciando definitivamente Life (1954). Iniziò a dedicarsi ad uno dei suoi grandi progetti: il reportage "Minamata" legato ai i tragici effetti dell'inquinamento da mercurio, in Giappone, a causa dell'azienda Chisso.

Verso l'inizio degli anni sessanta, a causa della sua condizione d'indigenza, lasciò moglie e figli e si trasferì in una soffitta di New York, iniziando a fotografare i jazzisti.

Negli anni settanta ritornò in Giappone e sul progetto Minamata, ma l'azienda era alquanto decisa a farlo tacere, tanto da tendergli un agguato dove riportò diverse ferite. Successivamente e per un certo lasso di tempo, il progetto fu "ceduto" alla sua seconda moglie, Aileen, salvo riprenderlo successivamente. Minamata vide finalmente la luce nel 1975 e, grazie alla sua amicizia con Ansel Adams, poté insegnare per qualche anno all'Università dell'Arizona

Morì nel 1978 nell'anonimato totale, colpito da un ictus, a seguito dell'abuso di una vita di alcol e farmaci.

Ferdinando Scianna

Ferdinando Scianna è nato il 04/07/1943 in un quartiere popolare della provincia di Palermo, in Sicilia ed è considerato uno dei più noti fotografi italiani e la sua fama è riconosciuta a livello internazionale.

Le origini del suo percorso artistico risalgono ai tempi dell'infanzia quando Scianna iniziò ad appassionarsi sempre più alla fotografia fino ad alternare il suo reale lavoro alla pubblicazione di libri fotografici, raccontando la storia e il livello emotivo delle persone attraverso l'uso sapiente dell'immagine, capaci di raccontare la cultura, la religione, le persone, gli stati d'animo della sua terra natia.

Iscritto alla facoltà di lettere e filosofia a Palermo, tuttavia, non porta a termine il corso di studi. Il perché è da ricercasi nelle ambizioni del padre, smanioso di innalzare il livello socio culturale della famiglia, di umili origini contadine: Ferdinando sarebbe dovuto divenire, necessariamente, un medico, un ingegnere o un avvocato. Inizialmente fotografa per gioco i compagni di scuola, soprattutto le belle ragazze senza comunque disdegnare gli aspetti più rudi e basilari della vita contadina, soggetto della sua prima mostra fotografica.

Nel 1963, Ferdinando Scianna, grazie all'incontro con lo scrittore Leonardo Sciascia con il quale entra in contatto casualmente durante la sua prima mostra fotografica, inizia a collaborare con lo scrittore alla stesura di diversi libri. La pubblicazione del primo libro di Scianna intitolato Feste Religiose in Sicilia, tra l'altro vincitore del premio Nadar, avviene all'età di soli 21 anni.

Intorno al 1967 si trasferisce a Milano dove inizia a collaborare con il settimanale l'Europeo dapprima come fotoreporter e successivamente come corrispondente da Parigi. Attività che lo tiene impegnato per una decina di anni. A Parigi incontra il fotografo Cartier-Bresson che lo introduce all'agenzia fotografica Magnum (ricordo che è il primo italiano a farne parte), di cui Scianna è tutt'ora membro attivo. Dal 1987 Ferdinando Scianna concentra le sue attenzioni fotografiche anche al campo della moda e della pubblicità, entrando in contatto con diverse top model con le quali ha collaborato.

Tornato a Milano (intorno all'inizio del 1990), Scianna entra in contatto con due giovani e promettenti stilisti che gli chiedono di realizzare una campagna promozionale per le loro realizzazioni. Una campagna all'insegna delle economie: niente assistenti, niente truccatori, niente parrucchieri. Nessun mezzo di trasporto se non un'auto prestata dal fratello di uno degli stilisti. Scianna è entusiasta di questo lavoro, che riceve un'eco mediatica decisamente al di sopra delle aspettative. Un'eco che elegge Scianna ad uno dei migliori fotografi di Moda e che lancia i due giovani stilisti (al secolo Dolce & Gabbana) nel gota della moda italiana ed internazionale.

Nel 1993 pubblica un libro intitolato "Marpessa" dedicandolo alla modella Linda Evangelista. Un altro libro molto importante realizzato da Scianna è I siciliani dove ripropone i suoi ritratti più celebri.

Nel 1995 pubblica il libro Viaggio a Lourdes, e nel 1999 i ritratti dello scrittore argentino Jorge Luis Borges.

Il 2003 è l'anno della pubblicazione del libro "Quelli di Bagheria", una sorta di introspettiva dove racconta i frammenti della sua giovinezza evocando l'atmosfera del tempo passato e delle persone che ne hanno fatto parte, visi diversi che sono rimasti impressi nella sua memoria e che continuano ad esistere determinando non solo il presente ma anche il futuro del fotografo stesso.

La fotografia, secondo Scianna, è un connubio di luce e ombra. Gli scatti in bianco e nero raccontano la realtà mentre i colori rappresentano i contrasti, le difficoltà, ma soprattutto il destino inteso come una maledizione. Ed è per questo che l'autore sceglie di raccontare gli aspetti principali catturati da un'immagine attraverso le ombre ossia la rappresentazione a livello puro della realtà. L'attenzione di Scianna assume una certa complessità contrapponendo una visione pessimistica all'ironia. Ogni cosa deve avere una forma: questo è quanto afferma l'autore. Il suo intento principe è quello di sottolineare l'importanza di un'immagine associata ad una parola determinando un aspetto significativo e rappresentativo della vita reale colta in un istante.

Ferdinando Scianna con la partecipazione di Irene Kung ha pubblicato recentemente un libro esplorativo chiamato Mare Nostrum contenente 25 immagini che ritraggono la storia del Mare Mediterraneo.

Francesc Català Roca

Francesc Català Roca è passato alla storia per essere stato uno dei fotoreporter neorealisti più famosi del XX secolo, nonché rivoluzionario dell'espressione della fotografia spagnola.

Paragonato a Cartier-Bresson, Català Roca ha il merito di aver portato il rinnovamento all'interno della fotografia, in particolare di aver proposto un nuovo punto di vista nella fotografia documentarista.

Català Roca con la sua abilità, la sua attenzione per i dettagli e la straordinaria capacità di cogliere il momento irripetibile, ha saputo documentare i cambiamenti della sua nazione, la Spagna, delle sue guerre civili ma anche la situazione dei paesi e delle cittadine povere in cui, nonostante tutto, le persone non perdono mai la speranza. La macchina fotografica, nelle sue mani, diventa lo strumento per dipanare e mostrare la complessità dell'animo umano.

Le fotografie di Francesc Català Roca sono sempre chiare, di forte impatto emotivo, semplici e simboliche al tempo stesso, animate dalla fusione fra verità e bellezza. Quello che colpisce particolarmente nei suoi scatti è la totale assenza di giudizio, qualunque sia il soggetto ritratto. Al contrario è sempre possibile riscontrare un profondo senso del rispetto e della dignità.

Català Roca ha sempre preferito immortalare le persone nel loro quotidiano ma anche gli artisti e gli intellettuali, come il suo grande amico Mirò, non certo propenso a farsi fotografare. E' stato un amante del bianco e nero ma fra gli anni '60 e gli anni '70 scoprì la bellezza del colore, decidendo di entrare anche nel mondo della pubblicità e di dedicarsi alla fotografia turistica.

Come tutti i fotografi, Roca ha un obiettivo: catturare la realtà e mostrarla, senza manipolarla, trasformandola in un opera d'arte discreta in cui emergono i lati invisibili di ciò che si sta guardando.

Francesc Català Roca nacque a Valls nel 1922. Mosse i suoi primi passi nel mondo della fotografia studiando i libri del padre e lavorando con lui nello studio fotografico che aveva in gestione. Padre e figlio, però, si sono sempre trovati in disaccordo sia sul metodo che sull'estetica del fare le fotografie: Francesc figlio era un amante delle fotografie semplici, non manipolate, al contrario del padre. Questo disaccordo portò alla rottura professionale tra i due, tanto da aprire, nel 1948, uno studio fotografico indipendente.

La popolarità arrivò in breve tempo e già nel 1952 Català Roca pubblicò il suo primo libro in cui ritrasse la Sagrada Familia, uno dei più importanti e magnifici monumenti della Spagna. Il libro fu anche la base per la realizzazione di un documentario. Gli anni '50 furono costellati da numerosi successi per Roca: tenne una prima mostra individuale a Barcellona dove collezionò anche il suo primo premio di peso, nonché nella galleria Nebli Madrid.

Gli anni '60 si dimostrarono più prolifici per quanto riguarda il lavoro di fotografo, con soprattutto la sperimentazione del colore al posto del bianco e nero fino ad allora utilizzato.

Il successo per Roca si concretizzò ulteriormente con le collaborazioni per varie pubblicazioni (Destiny, La Vanguardia ed Illustrated Gazette). Pubblicò lui stesso una sessantina di libri, e ricevetta diversi premi tra i quali il Premio Nazionale Articoncessa, il Premio Nazionale di Arti Plastiche, diverse medaglie di merito artistico), oltre che partecipare numerose esposizioni (USA, Asia, Europa e Spagna).

Fra le pubblicazioni di Francesc Català Roca ricordiamo: Costa Brava (1958), Mallorca, Menorca e Ibiza (1962), Guida Nuova Castiglia (1964), I Pirenei (1970), Guida alla Catalogna (1971) e Murcia Guida (1971). Girò anche vari documentari come la Ciudad Condal in autunno (1950) e Living Stones (1952) e sui suoi amici come Chillida e Mirò.

Francesc Català Roca si spense a Barcellona nel 1998 a causa di un attacco di cuore. Molti dei suoi lavori possono essere ammirati, via internet, collegandosi al suo archivio fotografico.

Francesca Woodman

Francesca Woodman è una fotografa americana, la cui figura enigmatica ed inquieta è rimasta a lungo nella memoria artistica collettiva e la cui opera è annoverata come una fra le più influenti del XX secolo. La sua parabola artistica si estende in un breve lasso di tempo (1972-1981) così come la sua vita, dando una connotazione ancora più incisiva e graffiante alla sua opera.

Fragile e tormentata come lo sono tanti artisti, schietta, creativa, ironica e provocatoria come lo sono tanti adolescenti, Francesca Woodman ha lasciato un ricordo indelebile di se stessa e della sue inquietudini nell'arte fotografica contemporanea. Proveniente da un background in cui l'apparire non è tutto e la società non si fonda sull'immagine, l'arte della Woodman si protende verso il futuro, si fa portavoce della frustrazione degli artisti che in qualche modo cercano di slegarsi dalle ripetizioni e i rimandi delle mode del passato. Lo fa divenendo lei stessa l'oggetto artistico.

Francesca Woodman ha usato se stessa come soggetto, e raramente il suo compagno e delle sue amiche. Francesca si mostra nuda, circondata da uno scenario spoglio minimalista, quasi desolato, a volte nella natura ma molto più spesso l'ambientazione è il vecchio appartamento in cui vive. Proprio nello scenario risiede la chiave per la comprensione delle sue opere: mentre il fondo e gli oggetti appaiono sempre nitidi e ben definiti, il suo corpo è mosso, sfocato oppure confuso con l'ambiente circostante, quasi assorbito ed annullato. Il nudo poi è un simbolo, una metafora del "mettere a nudo" la propria anima, una costante nelle sue fotografiche, in cui la Woodman sembra voler ritrarre i suoi dubbi, i suoi timori e la sua confusione interiore.

Il linguaggio monocromatico, le composizioni surreali, la provocazione e la malinconia, la semplicità intensa e struggente sono gli elementi principali della complessa teatralità messa in scena da Francesca che in tutti i modi cerca di mostrare la sua idea del corpo relazionato allo spazio. Francesca è parte del mondo, il mondo è parte di lei e questo legame forse in qualche modo la opprime, questa simbiosi la fa sentire sola e persa. Per farlo la Woodman si dedica in modo ossessivo e maniacale allo studio delle sue foto come affrontando un problema matematico, come una ricerca spasmodica di se stessa e dello scatto perfetto. A trent'anni di distanza, la sua arte viene presa in esame sotto l'ottica del femminismo, dell'abbattimento degli stereotipi sulla donna ma la realtà è che nessuno riesce a svelare completamente l'enigma di queste fotografie.

Francesca Woodman se n'è andata lasciando dietro di sé la sua arte come un epitaffio immortale ma portandosi dietro i suoi misteri e le sue inquietudini.

Francesca Woodman nacque il 3 aprile 1958 a Denver in una famiglia di artisti: il padre George fu un pittore abbastanza rinomato mentre la madre Betty una ceramista. Fu proprio il padre ad incoraggiare la figlia ad esprimersi attraverso la fotografia.

Francesca frequentò, insieme con suo fratello Charles, la scuola a Boulder mostrando un precoce interesse per il Daidaismo e l'arte surrealista. Nel 1971, a tredici anni, produsse il primo di tanti autoscatti entrando nel mondo della fotografia. Trascorse buona parte dell'infanzia a Firenze, in una fattoria con la famiglia, innamorandosi perdutamente dell'Italia. Amore che fu anche alla base della sua prematura morte.

Dopo una breve pausa in territorio americano, Francesca Woodman fece ritorno in Italia tra il 1975 ed il 1979, precisamente a Roma, per via di alcuni corsi della Rhode Island School of Design che lei frequentò con profitto. Studiò con particolare interesse le opere di Man Ray, Max Klinge, Duane Michals e Arthur Fellig Weegee.

In particolare, nel 1977, fece la conoscenza di Giuseppe Casetti, proprietario della libreria Maldoror, che entusiasta delle sue fotografie le propose di organizzare una mostra. Il 1978 fu un'annata particolarmente creativa per la ventenne Woodman, che espose alla Galleria Ugo Ferranti.

L'anno successivo completò gli studi alla Providence e si recò per le vacanze estive a Stanwood in compagnia del suo fidanzato ragazzo B. Moore. In questo periodo Francesca Woodman diede alla luce parecchie opere. Seguì una mostra omaggio a Proust (Woods-Gerry Gallery) e quindi il suo ritorno a New York. Francesca andò a vivere in un antico e fatiscente palazzo nel quartiere industriale Pilgrim Mills, divenuto lo scenario della maggior parte delle sue foto scattate.

Lavorò al Temple Project (1980) e passò le vacanze estive nel New Hampshire dove s'interessò particolarmente alla natura. Partecipò quindi a due mostre collettive nella Galleria newyorkese di Daniel Wolf dove ebbe modo di conoscere diversi critici e nel 1981 pubblicò la sua prima ed unica raccolta intitolata "Some disordered interior Geometries".

Francesca Woodman, il 19 gennaio 1981, si lanciò nel vuoto da un palazzo di New York, mettendo fine alla sua breve vita. Dalla fitta corrispondenza con i suoi amici trapelò la forte nostalgia per gli anni trascorsi a Roma, la paura del tempo, il non voler dimostrare nulla con il suo triste gesto ma soltanto il voler preservare giovane, la sua arte, in eterno.

Diverse mostre postume (Wellesley College e Fondation Cartier pour l'art contemporain) e pubblicazioni (Chris Townsend) si sono tenutefra il 1986 ed il 2006.

Nel 2010 venne proiettato al Festival Internazionale del Cinema di Roma il documentario di Scott Willis The Woodmans. L'ultimo libro dedicato a Francesca Woodman lo ha pubblicato Isabella Pedicini per Contrasto Books nel 2012.

Per quanto riguarda le sue opere, potete fare riferimento alla pagina Wikipedia di Francesca Woodman sono catalogate, incluse le tantissime foto di nudo non mostrate in questo articolo.

Franco Fontana

Franco Fontana nasce a Modena il 9 dicembre 1933.

Si avvicina alla fotografia nei primissimi anni '60, quando inizia a frequentare i circoli fotografici amatoriali di Modena.

Nel 1963, all'età di trent'anni, espone i suoi lavori alla Biennale Internazionale del Colore di Vienna, mentre l'anno successivo pubblica il suo primo portfolio fotografico per la rivista Popular Photography.

Ad inizio anni '70 intensifica la sua attività aumentando il numero di esposizioni personali, tra cui ricordiamo: Centro Culturale Pirelli e Galleria Diaframma a Milano, Palazzo dei Diamanti a Ferrara e l'Isolato San Rocco a Reggio Emilia.

La fama di Fontana esce anche dal belpaese. Per lui mostre anche all'Interkamera di Praga, alla galleria Die Brücke di Vienna, al MOMA di New York.

E poi ancora Berlino, Barcellona, san paolo, Marsiglia e Gerusalemme, Franco Fontana e i suoi lavori fanno il giro del mondo.

Nel 1979 effettua il suo primo ed importantissimo viaggio negli Stati Uniti, dove incomincia a sviluppare la sua personale ricerca sul paesaggio urbano; ricerca che lo porterà poi ad essere considerato uno dei protagonisti di spicco della fotografia italiana ed internazionale del dopoguerra.

Gli scatti di Franco Fontana sono del tutto particolari, si serve infatti del colore come mezzo espressivo per amplificare le emozioni, unendo a tutto ciò un lavoro perfetto con le geometrie dei paesaggi.

Tutto ciò, sommato alla sua eccellente tecnica fotografica, ha dato origine a capolavori esposti in ogni angolo del mondo.

A tutto ciò va aggiunta anche la pubblicazione di oltre sessanta libri tra italia ed estero. Uno dei più noti è uscito nel 2011, per l'editore 24 Ore Cultura, e si intitola "L'anima: un paesaggio interiore" con testi di Giorgio Faletti, Francesca Lavazza e Liborio Termine.

La sua spiccata sensibilità cromatica l'ha praticamente reso unico.

Accanto a tutto ciò però Fontana è riuscito a porre un altro ingrediente fondamentale: l'umiltà. Infatti solo grazie a delle solide fondamenta basate su quest'ultima egli è riuscito a sviluppare il proprio lavoro ed il proprio stile fotografico, che ancora oggi è scuola in tutto il mondo.

La sua pazienza e la sua dedizione lo hanno elevato a modello.

Nel corso degli anni il fotografo italiano ha inoltre firmato numerose campagne pubblicitarie, tra cui: Fiat, Volkswagen, Ferrovie dello Stato, Sony, Volvo, Canon, Kodak, Versace, Snam, Robe di Kappa.

Una delle sue fotografie più note è stata scelta dal Ministero della Cultura francese per rappresentare lo spirito della cultura francese attraverso i tempi.

Nel 2002 i suoi scatti sono stati protagonisti del Calendario Epson; 12 le immagini prese dalla raccolta Paesaggi Immaginari. I colori e le geometrie dei paesaggi, marchio di fabbrica, la fanno da padrone, regalando all'occhio il solito tripudio di emozioni.

Fontana ha inoltre tenuto numerosissimi workshop e conferenze per il Guggenheim Museum di New York, l'Institute of Technology di Tokyo, l'Accademia di Bruxelles, l'Università di Toronto, il Politecnico di Torino, l'Università Luiss di Roma e molte altre prestigiose istituzioni.

Nel 1984 è stato insignito con il XXVIII premio per l'arte Ragno d'Oro dell'Unesco, mentre nel 2000 gli è stata conferita l'onorificenza di Commendatore della Repubblica per meriti artistici.

Pochi anni fa, nel 2006, ha ricevuto una laurea honoris causa in Design eco-compatibile dalla Facoltà di Architettura del Politecnico di Torino.

Attualmente Franco Fontana ha ottant'anni ed è ancora un fotografo in attività, sebbene abbia ridotto notevolmente il carico di lavoro.

Vive nella sua terra natia, a Cognento (provincia di Modena), e continua a dare il suo contributo al mondo della fotografia.

Frank Horvat

Frank Horvat, uomo sensibile rapito dall'arte in tutte le sue forme, è uno dei fotografi viventi più famoso, noto soprattutto per le sue foto patinate ma anche per le immagini in cui ritrae gli aspetti più tristi e meno luccicanti della realtà. E' altresì noto per essere un innovatore: è il primo ad utilizzare Photoshop e a non vedere il digitale come un ostacolo ma come un'opportunità.

Sin dall'inizio della sua carriera, Frank Horvat si è sempre appassionato ai reportage, ai paesaggi ma anche alla scultura. Tuttavia Horvat divenne famoso soprattutto per le foto di moda pubblicate fra gli anni '50 e '80.

Uno dei temi maggiormente ricorrenti nella fotografia di Horvat è la condizione umana: egli fotografa la miseria ovunque, nel mondo, senza però nutrire la sua arte di sofferenza, senza mai sentirsi in colpa in quanto non esprime giudizi con e nei suoi scatti. La fotografia di Frank Horvat non è una morbosa curiosità ma piuttosto vuole solo poter evidenziare un problema che molto spesso la società moderna tende a trascurare, dimenticare, accantonare.

Colpisce particolarmente il modo in cui Horvat riesce a catturare queste immagini: è abile, discreto, si mimetizza ed utilizza apparecchi discreti, non tentenna e non si scoraggia. Da tutto ciò nasce la naturalezza delle sue foto. Non a caso Bresson lo rinomina "il fotografo invisibile". Ad un certo punto però questo aspetto cambia: Frank Horvat scopre che le pose non conferiscono artificiosità alla foto ma al contrario la fanno sembrare ancor più reale.

Un altro degli obiettivi che si pone Frank Horvat con la sua fotografia, oltre quello di ritrarre la condizione umana, è quello di fermare il tempo. Questo aspetto è uno di quelli che maggiormente colpiscono nella fotografia di Horvat, insieme al modo in cui il fotografo gestisce ed utilizza la luce: Horvat infatti si ispira ai dipindi di Caravaggio ed al Rembrandt, riproducendo nelle sue immagini la stessa luce disegnata dai due artisti, un'illuminazione capace di far risaltare il soggetto sullo sfondo e di far concentrare l'attenzione sul soggetto stesso.

Un terzo elemento caratterizzante la fotografia di Frank Horvat è "la cosa", ovvero gli oggetti: Horvat preferisce in realtà i soggetti in movimento (che rappresentano per lui una sfida), ma riconosce come anche gli oggetti inanimati e fermi hanno degli aspetti interessanti come ad esempio il modo in cui vengono colpiti dalla luce o la possibilità di utilizzarli come metafore o come simboli.

Frank Horvat nacque ad Abbazia (all'epoca parte dell'Italia, oggi Opatija, Croazia) nel 1928 da una famiglia di medici ebrei. Dal 1939 al 1945 visse in Svizzera ed in particolare a Lugano, dove studiò ed iniziò ad interessarsi alla fotografia, scambiandola sua raccolta di francobolli con una macchina fotografica.

All'inizio degli anni '50 si trasferì a Milano dove studiò all'Accademia di Brera e dove lavorò come agente pubblicitario. Acquistò nella città meneghina un nuovo apparecchio fotografico, una Rolleicord, diventando un fotografo free-lance. Hovart intraprese parecchi viaggi in giro per il mondo ed in particolare in Pakistan ed in India (tra il 1952 ed il 1953), per poi trasferirsi nella città di Parigi (1955) dove ebbe modo di entrare il contatto con giganti del calibro di Robert Capa e Bresson. Fu proprio quest'ultimo che lo convinse ad abbandonare la sua Rolleicord per una Leica, macchina fotografica che lo ha accompagnato in tantissimi viaggi e avventure.

I primi successi fotografici, grazie ai suoi scatti in bianco e nero, risalgono a questo periodo e furono esposti al MOMA di New York, in un'esposizione dal nome The Family of Man.

Successivamente, cominciarono per Frank Horvat importanti collaborazioni con Life, Black Star, Jardin del Modes, Elle, Glamour, Vogue Italia ed altri. Lavorò in particolare con le riviste di moda dal 1956 al 1988 e fu parte dell'agenzia Magnum per tre anni, dal 1959 al 1961.

Agli inizi degli anni '60, Horvat portò avanti un nuovo progetto con la rivista tedesca Revue, ovvero una raccolta di foto sulle grandi città extra europee, ovvero dodici città che visitò nell'arco di otto mesi. L'obiettivo era quello di realizzare un documentario che mostrasse un certo grado d'espressione. Il lavoro venneterminato nel 1963 ma accadde un fatto clamoroso: il nuovo direttore della rivista non era a conoscenza del progetto, costringendo Horvat a cercarsi un altro editore. Questa svista fu un vero colpo di fortuna per Frank Horvat che realizzò un libro pubblicato in parecchi paesi e dall'indubbio successo.

Nel corso degli anni '80, a causa di un problema alla vista, Horvat scelse di dedicarsi per un periodo alle interviste degli artisti famosi piuttosto che alla fotografia pura e da qui nacque il libro "Entre Vues" uscito nel 1988. Tornò abbastanza presto alla fotografia, realizzando svariate pubblicazioni, tra le quali possiamo ricordare "Goethe in Sicilia" – 1982; "Le sculture di Degas" – 1991; "Verosimiglianze" – 1999; "Time Machine" – 2004 e "il labirinto Horvar" del 2006. Uno fra i progetti più importanti del fotografo è "1999 giornale fotografico" una raccolta di una foto al giorno per un anno.

Fra i lavori più recenti citiamo: "15 chiavi", "Yao the cat", "Bestiary" , "Ovid's Metamorphoses" e "La Veronique".

Gli anni '90 furono anche gli anni della svolta in chiave moderna di Horvat: il fotografo è infatti uno dei pochissimi del suo tempo ad abbracciare con entusiasmo l'avvento del digitale utilizzando non solo le macchina fotografiche, appunto, digitali, ma avvicinandosi anche al mondo del post processing e del più blasonato dei software: Photoshop. Frank Hovat ha cominciato, con il digitale, una nuova avventura incentrata sulla ricerca del bello del quotidiano, ben lontano dai fasti, dalla bellezza fasulla tanto in voga tra i suoi colleghi.

Attualmente il fotografo vive in Francia, continuando la sua attività fotografica. Molte delle sue opere possono essere visionate sul suo sito web.

Frederick Sommer

Frederick Sommer nacque in Italia in un piccolo paese di circa 30.000 abitanti si trova nella provincia salernitana, anche se successivamente si trasferì in Brasile dove visse per il resto della sua vita. Per un periodo della vita la sua residenza fu New York dove riuscì ad ottenere il master in Landscape Architecture. Durante la permanenza nella grande mela, Frederick conobbe Frances Elisabeth Watson che sposò dopo qualche anno.

In quegli anni si ammalò di tubercolosi e per poter guarire fu costretto a trasferirsi per un breve periodo in Svizzera per curare la malattia.

L'avvento della malattia portò Frederick Sommer ad abbandonare la sua professione e dopo essere guarito, si spostò in varie parti dell'America, prima in Arizona e dopo qualche anno a Prescott intorno gli anni 30.

Sommer viene considerato un maestro della fotografia sia per l'abilità nel capire e praticare una moltitudine di tecniche ma sopratutto per il talento nel muoversi in diverse direzioni.

Tutto iniziò nel 1938 quando Frederick decise di comprare una macchina fotografica, una Century Universal Camera 8×10. Inizialmente il suo interesse fu concentrato sulle nature morte e molte delle sue foto ritraggono teste di pollo o altri animali privi di vita e in decomposizione.

Sommer in questo periodo fotografò anche tantissime scene desertiche, ponendo l'accento sui disegni geometrici, sulle ombre e sulla mancanza di orizzonte. Questi paesaggi atomizzati privi di presenza umana parlano di disagio esistenziale sulla scia della guerra mondiale.

All'incirca nello stesso periodo, Sommer ha anche fatto una serie di fotografie di animali in decomposizione che ha incontrato su escursioni nel deserto. Come il coniglio nella foto qui, che sta tornando alla terra come si decompone, queste fotografie suggeriscono una meditazione sul ciclo di vita e morte.

Un giorno Frederick decise di andare a Los Angeles e durante una camminata per le vie della città decise di entrare a visitare un museo d'arte. Al suo interno era presente una mostra sulla musica e guardando attentamente le opere notò che gli spartiti presenti non erano solo note e punteggi, ma capì che tutto quello poteva essere osservato sotto un'altra ottica.

Il suo contributo al mondo della fotografia è stato sicuramente notevole; le sue foto erano e sono considerate vera poesia, in costante fusione con la pittura e il disegno. Sicuramente è stato un fotografo che si è spinto oltre i confini dei suoi tempi andando a creare dei nuovi metodi e tecniche che in quel periodo non erano ancora stati presi in considerazione. Il motivo principale alla base delle sue idee "rivoluzionarie" derivò dalla sua passione sfrenata per l'arte e l'estetica moderna, calzanti a pennello per il personaggio che era e a misura del suo talento.

Un incontro molto importante per la sua professione di fotografo fu quello con Alfred Stieglitz che decise di andare a trovare a New York per mostrargli i suoi lavori: fu grazie a Stiegliz e ad altri artisti locali che Sommer prese coscienza di se stesso, delle proprie capacità, delle proprie doti e che permisero allo stesso Sommer di buttarsi a capofitto in questa professione. Anche l'incontro con il surrealista Max Ernest fu determinante, in quanto influenzò in modo positivo Frederick aiutandolo a proseguire la sua carriera fotografica.

Nell'anno 1946 Frederick Sommer incominciò a fotografe in maniera diversa rispetto al passato, unendo tra loro diverse opere d'arte di epoche differenti, sia come tempo che come tradizione. In una sua opera, risalente a quel periodo, rappresentò la vergine e il bambino tramite l'utilizzo di un pezzo di lamiera proveniente da un auto andata in fiamme ed una parte di un vecchio libro. Comincia l'era del Surrealismo di cui Sommer, per l'appunto, ne era uno dei maggiori esponenti.

Negli anni 50 Sommer cambiò ulteriormente tecnica fotografica, andando a fotografare negativi di fogli di cellophane o vetro su cui applicò del fumo o dei dipinti. Uno dei suoi lavori più famosi di questo periodo è il

Le fotografie di Sommer di questo periodo sono l'interpretazione della suo pensiero olistico circa l'inseparabilità dell'essere umano dalla vita universale, cosa che lo spinse a fotografare (o meglio rappresentare) sia il tangibile (il corpo) che l'intangibile (lo spirito) dei suoi soggetti.

Sicuramente Frederick è stato un artista della fotografia e ancora oggi viene preso come esempio sia per i suoi lavori che per la sua voglia di crescere a livello artistico. Tra le sue pubblicazioni più famose ricordiamo The birth of Venus (1993), The box (1994) e Son of the box (1996).

Gianni Berengo Gardin

Gianni Berengo Gardin è stato ed è uno dei più grandi maestri del realismo della storia fotografica italiana, uno dei migliori cronisti della vita quotidiana degli italiani dal dopoguerra ai giorni nostri, nonché precursore del fotogiornalismo italiano.

Gardin ha il talento innato di saper catturare la poesia nella semplicità, di mostrare la realtà per ciò che è, senza filtri. Nel corso degli anni della sua lunga carriera, Gardin ha affermato di non aver ricercato e di non ricercare l'arte, bensì la narrazione del mutamento dei tempi, degli accadimenti sociali, economici e culturali che hanno contribuito a formare la storia dell'Italia.

10 ottobre 1930, Santa Margherita Ligure: nacque Gianni Berengo Gardin. Gardin è cresciuto in una famiglia borghese e da bambino sognò di diventare una delle guardie di Palazzo Venezia e d'esser ricevuto dal Duce. Fu sua madre ad illuminarlo circa la differenza fra democrazia e fascismo mentre dal padre ereditò lo spirito del lavoratore.

L'entrata di Gardin nel mondo della fotografia ebbe un approccio drastico: nel 1943 i tedeschi imposero alla popolazione la consegna di tutte le armi e delle macchine fotografiche. L'allora tredicenne Gardin si rifiutò di obbedire ed iniziò a produrre i suoi primi scatti. Di quegli anni Gardin conserverà perennemente la modalità di scatto, ovvero il bianco e nero che divenne il suo marchio di fabbrica e conferì maggiore eleganza e realismo alle sue opere.

Durante gli anni della giovinezza Gardin, sollecitato dal padre, entrò nel mondo del lavoro. Si trasferì a Roma per circa otto anni, quindi fece una breve sosta a Venezia per giungere, nel 1954, a Parigi dove rimase per due anni. La sua passione per la fotografia, durante questo periodo lavorativo, fu tutt'altro che sopita ma al contrario fu alimentata da uno zio americano che gli inviò alcuni libri della Farm Security Administration: dei reportage sulla vita degli agricoltori americani nel lasso di tempo fra il 1935 ed il 1944. Furono proprio le foto di questo reportage a segnare per sempre lo stile semplice e realistico di Gardin. Nella città parigina Gardin approfondì il suo studio della fotografia incontrando Willy Ronis ed artisti come Boubat e Doisneau.

1958, Venezia: Gardin rientrò in Italia dopo una breve sosta a Losanna ed entrò a far parte del circolo La Gondola grazie alla conoscenza di alcuni fotografi amatoriali. Successivamente, dopo aver conosciuto Italo Zimmer, fondò un suo gruppo fotografico: Il

Ponte. Fu nuovamente lo zio americano a dare una svolta alla carriera fotografica di Gardin mettendolo in contatto con Cornell Capa. Quest'ultimo gli fece sperimentare un nuovo tipo di pellicola che non necessitava l'uso del flash. Anche questo particolare diventò una caratteristica saliente dei successivi lavori di Gardin che non usò più (e tutt'ora non usa) il flash mantenendo del tutto inalterati i sui scatti.

Da Venezia Gardin si trasferì a Milano. Nella città Meneghina le sue foto vennero notate, per caso, dal direttore del giornale Borghese e Gardin si trovò catapultato nel mondo della stampa: fu questo il suo ingresso ufficiale nel mondo della fotografia professionista.

Negli anni del boom economico e fino agli anni 80, Gardin ebbe modo d'intrattenere molte proficue collaborazioni fra cui ricordiamo il Mondo (fino al 1965), la Olivetti, Panorama, il settimanale Epoca, L'Espresso, Vogue, Le Figaro, il Time ed infine la più importante, la collaborazione con il Touring Club Italiano.

Nel 1963 arrivò il primo riconoscimento, il Word Press Photo. Dal 1977 in poi Gardin si dedicò ai viaggi-reportage che lo porterono a realizzare bellissime opere come "L'India dei Villaggi" ed il fotodocumentario dell'operazione "Legarsi alla Montagna" di M.Lai ad Ulassai.

Dagli anni 90 in poi, Gardin espose nei principali musei italiani e stranieri fra cui: il MOMA ed il Guggenheim Museum di New York, la Biblioteca Nazionale e la Mois de la Photo di Parigi, a Rochester nel George Eastman House e nel Museo dell'Elysée a Losanna.
Sempre negli anni 90 realizzò uno dei suoi lavori più noti: il reportage-documentario della comunità di zingari in Italia che vinse l'Oscar Barnack Award (1994).

Gardin ha creato, ad oggi, più di 200 libri fotografici in molti dei quali racconta, tramite i suoi scatti, l'evoluzione culturale ed economica dell'Italia, esaltando al contempo la sua passione per l'indagine paesaggistica.

Dal 2000 ad oggi, Gardin continua a portare le sue foto in giro per il mondo. Vive nella città di Milano nella quale collabora con l'editore Contrasto (che pubblicò la grande antologia "Gianni Berengo Gardin", 2005), persevera nella sua narrazione della realtà italiana (di recente con un reportage emozionante sui fatti dell'Aquila) e gli venne, nel 2008, assegnato il premio Lucie Award alla carriera.

Nel 2013 pubblicò "Storie di un fotografo" (Marsilio Editore) e gli venne dedicata una grande mostra a Venezia (alla Casa dei Tre Oci). Nel 2014 Gardin, espone, al Prahlad Bubbar Gallery di Londra, 200 scatti che riassumono la sua illustre carriera di fotografo neorealista italiano.

Gianni Berengo Gardintutte le foto riportate in quest'articolo sono copyright di fotografia di Gianni Berengo Gardin eccezion fatta per quelle sotto le quali è esplicitamente riportato un differente copyright.

Gordon Parks

Gordon Parks non è stato solo un'artista, un fotografo dal talento quasi unico di trovarsi sempre nel posto giusto e nel momento giusto, ma è anche stato uno dei più importanti ed autorevoli testimoni di importanti cambiamenti storici, tutti narrati in modo eccezionale attraverso la sua fotografia e le sue immagini. Immagini tanto vivide e ricche da fargli guadagnare l'appellativo de il "narratore d'America". Gordon Parks, attraverso la sua fotografia, ha saputo raccontare l'America del novecento con i suoi disagi, le contraddizioni ed i grandi personaggi che l'hanno segnata indelebilmente.

La fotografia di Gordon Parks si discosta da quella dei suoi contemporanei in quanto il fotografo le reinterpreta: non si tratta solo di arte, estetica. Non si tratta solo di catturare il tempo e fermarlo in una sorta di "bolla temporale" e non è solo catturare un istante magico che non si ripeterà mai più. La fotografia è invece il mezzo per comprendere e permeare la società, i suoi meccanismi, le sue leggi non scritte e le sue varie e variopinte realtà.

Il tema principale degli scatti di Gordon Parks è la disuguaglianza fra bianchi e neri e sulla difficoltà di questi ultimi nell'inserirsi nella società di quel tempo. Parks riesce a dare una connotazione particolare alle sue fotografie focalizzandosi su immagini di personalità famose contrapposte a persone comuni, quasi a chiedersi come sia possibile che alcune persone riescano ad emergere al contrario di tante altre.

Il suo stile classico, un po' evocativo, quasi cinematografico rimarca il messaggio che il fotografo s affida alle immagini, ovvero l'amore per la verità e la testimonianza della realtà, sottolineando i sentimenti ed il disagio delle persone che ritrae nelle sue fotografie.

Gordon Parks ha saputo immortalare i personaggi più importanti del XX secolo senza però mai dimenticarsi degli ultimi, di tutti coloro che hanno lottato, spesso perdendo la vita, per affermare i propri diritti. E lo stesso Parks, ricordiamolo, era in prima linea in questa battaglia, riuscendo a divenire non solo il primo fotografo ma anche il primo scrittore afroamericano di Life, dimostrando come la razza non è un fattore incisivo nella realizzazione di una persona.

Gordon Parks nacque a Fort Scott nel 1912 in una famiglia di quindici fratelli. La madre morì precocemente e Gordon si trasferì vivere, per un breve periodo di tempo, dalla zia in Minnesota. Per ignoti motivi si allontanò da quest'ultima, preferendo dormire in un autobus ed arrabattandosi con diversi mestieri: cameriere, pianista in un bordello e lavorando in un negozio di abbigliamento.

Nel 1937 avvenne la svolta nella vita e soprattutto nella carriera di Parks. Entrò infatti in un banco dei pegni ed acquistò la sua prima macchina fotografica, iniziando al contempo a studiare il mestiere di fotografo da autodidatta (unica via percorribile per l'artista, dato il colore della pelle). Grazie alla pratica "sul campo", Gordon Parks venne notato dalla moglie del pugile Joe Luis che lo convinse a trasferirsi a Chicago dove iniziò a fotografare le donne dell'alta società ed a occuparsi di moda. Contemporaneamente documentò il degrado del quartiere di South Side.

Gli anni '40 furono un momento indimenticabile per Parks: nel 1941 vinse una borsa di studio e organizzò la sua prima mostra fotografica. L'anno successivo, nel 1942, entrò a far parte della FSA, un ente governativo voluto da Roosevelt per documentare l'economia agricola in trasformazione durante la Grande Depressione.

Sempre nel 1942 venne pubblicata una delle sue foto più famose: una donna delle pulizie afroamericana in posa con scopa e spazzolone in una parodia dell'opera American Gothic di G. Wood (una chiara denuncia contro il razzismo). Nel 1944 Gordon Parks entrò a far parte della redazione di Vogue e successivamente, nel 1948, di Life (dove rimase fino al 1972) in qualità di fotografo free lance. In particolare su Life pubblicò una serie interminabile di lavori che documentarono la vita nel ghetto, mostrarono le manifestazioni per l'uguaglianza, senza dimenticare i ritratti e le immagini di personalità celebri come Muhammed Alì, Malcolm X, Adam Clayton Powell Jr. e Stokely Carmichael. Nel 1947 pubblicò il suo primo libro "Flash Photography", seguitoe l'anno successivo da Camera Portraits: Techniques and Principles of Documentary Portraiture.

Essendo un uomo ecclettico ed un'artista versatile, Parks non si accontentò solo della fotografia ma si cimentò anche con la musica, la scrittura di romanzi e con il cinema, tentando di affermarsi come primo regista afroamericano della storia. A tal proposito possiamo ricordare, del 1969, il film "The learning tree" e "Shaft il detective" (1971), seguito da "Shaft colpisce ancora" e "Shaft ed i mercanti di schiavi". Nel 1974 diresse anche "The super Cops", "Ledbelly" nel 1976 ed infine "Solomon Northup's Odyssey".

Nel 1981 lavorò al suo romanzo Shannon nonché alla realizzazione di diverse poesie e racconti, fondando anche la rivista Essence. Nel 1990 vinse anche l'Infinity Awards.

Gordon Parks morì nel 2006, a 93 anni, per via di un tumore.

Harold Eugene Edgerton

Harold Eugene Edgerton nasce a Fremont, in Nebraska, il 6 aprile 1903. Passa la sua gioventù sempre nel Nebraska, diviso tra le città di Aurora e Lincoln. Quest'ultima è la città dove Edgerton si laurea in ingegneria elettrotecnica alla University of Nebraska.

Appena conseguita la laurea si sposa con Esther May Garrett, nel 1928, da cui avrà tre figli: Mary Louise (1931), William Eugene (1933), Robert Frank (1935).

Le sue sperimentazioni fotografiche cominciano nel 1932, ma è a partire dal 1937, quando inizia un rapporto di lunga durata con il fotografo statunitense di origine albanese Gjon Mili, che le sue opere assumono un carattere unico. I due si servono di apparecchiature stroboscopiche e di particolari tipi di flash elettronici che danno loro modo di produrre fotografie incredibili, sinora mai viste.

Grazie ai loro multiflash a volte la luce arrivava a lampeggiare fino a 120 volte al secondo, producendo così fotografie di grande impatto, che ritraevano momenti impercettibili all'occhio umano. Vengono registrati su pellicola una serie di movimenti ravvicinati, tradotti in immagini multiple grazie ai lampeggiatori elettronici che scattano più volte al secondo in un ambiente completamente buio.

Grazie alle tecniche elaborate nel corso degli anni Edgerton riesce a catturare immagini di palloncini in diverse fasi della loro esplosione o di un proiettile mentre impatta con una mela.

Considerato un pioniere viene insignito con diversi premi. Nel 1934 è premiato dalla Royal Photographic Society, mentre nel 1941 e nel 1969 è premiato dal Franklin Institute.

Harold Eugene Edgerton Edgerton collabora con Kenneth J. Germeshausen, già suo compagno di corso all'università, ed Herbert Grier, fondando la "Edgerton, Germeshausen, e Grier", che nel 1947 cambia nome e diventa EG&G.

Tra gli anni '50 e '60 la società si evolve, interessandosi all'energia atomica e collaborando assiduamente con il governo americano.

Proprio a questo proposito Edgerton, aiutato da Charles Wykoff, sviluppa una nuova fotocamera che prende il nome di Rapatronin (RAPid Action elecTRONIC).

Questo apparecchio fotografico è capace di esporre le immagini in un tempo di soli 10 nanosecondi, motivo per cui venne utilizzato principalmente per immortalare le reazioni dei primi millisecondi durante le esplosioni dei primi test nucleari.

La peculiarità della Rapatronic è quella di avere un otturatore composto da due filtri montati a 90° uno rispetto all'altro in modo da poter bloccare tutta la luce.

Nel corso dell'esposizione vengono fatti ruotare al fine di permettere il passaggio della luce stessa.

Fondamentale anche il suo lavoro per sviluppare la tecnologia sonar a scansione laterale, utilizzata per eseguire la scansione dei fondali marini alla ricerca di relitti.

Edgerton collabora anche con il grande Jacques Cousteau, fornendogli l'attrezzatura adeguata per poter eseguire dei scatti subacquei munito di flash elettronico.

Proprio mentre lavora assieme all'esploratore francese è ribattezzato "Papa Flash", soprannome che mantiene per il resto della sua vita.

Nel 1941 Quicker'n a Wink, il documentario sulla fotografia stroboscopica a lui ispirato e diretto da George Sidney, vince il premio oscar come miglior cortometraggio.

Qualche anno più tardi, nel 1948 diventa professore di ingegneria elettrotecnica al Massachusetts Institute of Technology (MIT). E' amatissimo dai suoi studenti per gentilezza e disponibilità ad insegnare. E' una professione che svolge con il massimo della passione fino al 1977, anno in cui va in pensione.

Nonostante ciò rimane molto attivo. Più volte è stato visto nel Campus del MIT anche dopo il suo ritiro.

Harold Eugene Edgerton

Edgerton si spegne il 4 gennaio 1990, all'età di 86 anni.

Le sue fotografie, che gli sono valse anche l'appellativo di "uomo che sapeva fermare il tempo", sono inconfondibili. Nei suoi scatti rivela l'emozione di immobilizzare il movimento, andando a cogliere l'attimo sfuggente ed invisibile all'occhio umano.

Fantastiche le immagini dove ritrae gesti sportivi che durano una frazione di secondo, come un tuffo, un colpo dato con la racchetta da tennis o il lancio della palla da parte di un giocatore di baseball.

Helmut Newton

Helmut Neustädter, meglio noto con lo pseudonimo di Helmut Newton, nasce a Berlino, in Germania, il 31 ottobre 1920. La sua salute è molto cagionevole fin dalla giovane età, Helmut è spesso soggetto ad improvvisi svenimenti.

All'età di soli otto anni entra in un quartiere a luci rosse accompagnato dal fratello maggiore. Qui gli rimarrà impressa l'immagine della celebre Red Erna, con stivali alti fino al ginocchio e frusta nella mano.

Vive una vita divisa fondamentalmente tra due posti, i quartieri a luci rosse, che lo attraggono magneticamente e i grandi alberghi termali, dove si reca in vacanza assieme ai genitori.

All'età di dodici anni, dopo aver a lungo messo da parte dei risparmi, riesce a comprarsi il primo apparecchio fotografico per dare sfogo alla sua grande passione.

Tuttavia questa passione ben presto si rivela abbastanza deleteria per lui, infatti finisce con il tralasciare gli studi. Viene espulso, a causa degli scarsi risultati, dalla scuola americana che frequenta.

Nel 1936 inizia il suo servizio di apprendistato presso l'atelier della nota fotografa di moda Iva, ma solo un paio d'anni più tardi, a causa delle leggi razziali (Helmut Newton era di origine ebraica), è costretto ad abbandonare la Germania.

Riesce a fuggire per tempo e a Trieste si imbarca sul piroscafo "Il Conte Rosso", diretto in Cina.

Helmut però decide di scendere a Singapore, dove trova impiego in qualità di fotografo per il quotidiano Straits Times.

Proprio a Singapore fa conoscenza con una ricca signora belga, di cui diventa amante. Con lei si ritrova a viaggiare nelle colonie inglesi, arrivando sino in Australia nel 1940.

Qui, dopo una piccola parentesi di prigioni in quanto cittadino tedesco, decide di arruolarsi nell'esercito e parte assieme all'esercito australiano per combattere al fronte. Vi rimarrà fino al 1945.

Helmut Newton 3 L'anno successivo riceve la cittadinanza australiana e un paio d'anni più tardi, nel maggio del 1948, sposa l'attrice australiana June Brunell, conosciuta sul lavoro in quanto modella per i suoi scatti.

Oltre ad essere attrice June è anche fotografa, conosciuta da tutti con lo pseudonimo di Alice Springs (proprio come la città australiana).

In questo periodo dedide anche di modificare il suo cognome, Neustadter, a favore di Newton, che altro non è che la traduzione letterale in inglese.

Avvia un piccolo negozio di fotografia nella città di Melbourne, arrivando anche a prestare i suoi scatti a riviste del calibro di Playboy, specializzandosi in seguito come fotografo di moda.

Nel 1961 lascia l'Australia per trasferirsi in Francia, a Parigi, dove diventa un fotografo professionista.

Acquista fama e prestigio, e i suoi scatti appaiono su numerose riviste del calibro di Vogue, Harper's Bazaar, Max, GQ, Vanity Fair, Marie Claire.

Inconfondibile il suo stile, sempre votato all'erotismo, con tocchi di sadomaso e fetish.

Sviluppa un modo tutto suo di fotografare e di intendere la fotografia di moda.

Numerose le sue mostre in giro per il mondo, lascia traccia in tutte le più grandi città, da New York a Parigi, da Londra a Mosca, da Tokyo a Venezia.

Nel 1970 è vittima di un attacco di cuore che lo costringe a lavorare in maniera molto meno intensa.

Tuttavia non si ferma, anzi, la sua fama continua a crescere in maniera smisurata, specialmente grazie alle serie White women (1976) e Big nudes (1980).

Lavora inoltre per diversi stilisti di fama mondiale come Chanel, Versace, Blumarine, Yves Saint Laurent, Borbonese e Dolce & Gabbana, ma non solo.

Infatti si trova anche a fotografare molti personaggi di grande importanza come ad esempio Ava Gardner, Raquel Welch, Sigourney Weaver, Margaret Thatcher, Helmut Kohl e Jean-Marie Le Pen.

Si trasferisce nuovamente, prima a Montecarlo e poi a Los Angeles, dove muore il 23 gennaio 2004 in seguito ad un incidente automobilistico.

La sua autovettura impatta fatalmente sul muro del celebre hotel Chateau Marmont, per anni sua residenza. Il suo corpo giace al cimitero ebraico di Friedenau, non lontano dalla tomba di Marlene Dietrich.

Henri Cartier-Bresson

Henri Cartier-Bresson nacque a Chanteloup-en-Brie, in Francia, il 22 agosto 1908. Inizialmente si dedicò alla pittura, grazie anche all'influenza dello zio Louis; solamente nel 1931, di ritorno da un viaggio in Costa d'Avorio, si rese conto di essere fortemente attratto dall'interesse ad immortalare la realtà.

La scintilla che innescò- quest'amore fu una fotografia di Martin Munkacsi. Cartier-Bresson decise quindi di dotarsi di una macchina fotografica che lo accompagnò per molto tempo (quasi l'intera carriera), una Leica 35mm con lente 50mm.

All'inizio degli anni '30 si legò al mondo del cinema, dapprima come assistente di Jean Renoir e poi, nel 1937, come regista del film Return to life. In seguito intraprese un viaggio in Asia fino al sopraggiungere della Seconda Guerra Mondiale, durante la quale entrò a far parte della resistenza francese, svolgendo comunque la sua attività fotografica.

Nel 1940 venne catturato dai nazisti, ma riuscì dopo diversi tentativi a fuggire. Una volta ritornato dalla prigionia si unì ad un'organizzazione per assistere proprio chi dai nazisti riusciva a fuggire.

Il suo rapporto con la guerra però non si fermò qui. Nel 1945 fu infatti il suo obiettivo a fotografare la liberazione della capitale francese dalle truppe tedesche.

Passata la guerra, rientrò a far parte del mondo del cinema e subito diresse il documentario *Le Retour*.

Nel 1946 venne a conoscenza del fatto che il MOMA di New York, credendolo scomparso in guerra, voleva dedicargli una mostra postuma. Contattato il museo, partecipò per oltre un anno, lavorando in maniera certosina, alla preparazione della "sua" mostra, che ebbe luogo nel 1947.

Nello stesso anno insieme ad altri elementi di spicco (tra cui Robert Capa, conosciuto in Francia a metà degli anni '30), fondò l'agenzia **Magnum**, nata con lo scopo di tutelare il diritto d'autore e la trasparenza d'informazione.

Intensificò e di parecchio i suoi viaggi, tanto che non vi eraangolo del globo che il suo obiettivo non avesse fotografato: dagli Stati Uniti all'Unione Sovietica, dalla Cina all'Italia, dall'India al Giappone. Tra i suoi numerosi viaggi, ce ne sono parecchi anche in Italia, di cui uno in particolare molto importante, nel 1962, quando per la rivista Vogue si recò in Sardegna per oltre tre settimane per immortalare i luoghi della tradizione.

Qualche anno più tardi, a partire dal 1968, Cartier-Bresson tornò a dedicarsi alla sua prima grande passione, la pittura, dichiarando di non essere minimamente interessato alla fotografia.

Iniziò di conseguenza a ridurre notevolmente la sua attività fotografica, fino ad eliminarla definitivamente nel 1975, eccezion fatta per qualche ritratto di carattere familiare.
Nello stesso anno ebbe luogo la sua prima esposizione di dipinti alla Carlton Gallery di New York.

Si ritirò a vita privata, interrompendo il suo silenzio solamente nel 2000, quando assieme alla sua seconda moglie, Martine Franck e alla figlia Mélanie, creò la *Fondazione Henri Cartier-Bresson* con lo scopo di raccogliere tutte le sue opere e di creare uno spazio per le esposizioni. Morì quattro anni più tardi a Céreste, il 3 agosto 2004, a 95 anni.

Hiroshi Sugimoto

Hiroshi Sugimoto, fotografo nonché artista giapponese, è balzato agli onori della cronaca (e della fama) per essere stato in grado di elaborare un personale concetto di fotografia totalmente basato sull'esplorazione della percezione. Hiroshi Sugimoto usa la fotografia quale mezzo per comprendere il rapporto fra uomo e tempo, natura, arte, vita e storia.

Il fine della fotografia di Hiroshi è quello di trasmettere delle immagini mentali che si concretizzano nella stampa delle foto. Le foto di Sugimoto appaiono, agli occhi dell'osservatore, velate di fascino e di mistero, come se celassero qualcosa d'incomprensibile, sempre però rimanendo straordinariamente belle e perfette.

Il tema dominante delle opere di Hiroshi Sugimoto è senz'altro il tempo, l'immortalità ricercata per i suoi soggetti e resa con uno stile sempre armonioso, pulito, rispettoso. Stile che può essere osservato, ad esempio, nell'opera The Glass Tea House Mondrian, una composizione di grande equilibrio, profondità ed eleganza (e che più di tutte le opere dell'artista evidenzia maggiormente la coesistenza tra modernità e tradizione). Non è un'opera fotografica ovviamente, ma la caratteristica dell'artista giapponese è proprio la polivalenza, il saper spaziare (e stupire) in più campi artistici.

Il maestro Hiroshi Sugimoto, nella sua carriera, ha attraversato fondamentalmente quattro fasi artistiche: Dioramas (1976) ovvero fotografie di animali imbalsamati (un'idea nata durante una visita all'American Museum of National History); Theatres (1978) in cui l'artista fotografa i fotogrammi di un film proiettato in un teatro (le immagini sono sovraesposte il che rende lo schermo di proiezione bianco, permettendo l'emersione di tutti i dettagli architettonici della sala dove la pellicola è proiettata); Seascapes (1980) ovvero foto di paesaggi marini in cui vengono mostrati solo due elementi ovvero aria e acqua; Portrais (1999) in cui i soggetti sono personaggi famosi di cera, l'apice del concetto d'immortalità.

Sugimoto, con il suo essere sempre attento ai dettagli, alla perfezione, all'estetica ma anche alla profondità, è un vero e proprio rivoluzionario della fotografia. Egli ricombina linee e forme, restituendo spazio ed eleganza al tempo.

Hiroshi Sugimoto nacque a Tokyo nel 1948 ed ha seguito studi economici e politici. Alla fine degli studi, negli anni 70, si trasferì in California, dove frequentò con profitto i corsi dell'Art Central College. A metà degli anni 70 si mosse nuovamente alla volta di New

York anche se non definitivamente, amando particolarmente i viaggi. Nel 1976, come accennato precedentemente, diede vita alla sua prima serie (o fase artistica): si dedicò infatti alla realizzazione della serie Dioramas a cui fece seguire, qualche anno dopo, la serie Theatres, opera in cui si combinano arte ed estetica. Nel 1977 partecipò con le sue opere alla mostra della Minami Gallery a Tokyo.

Negli anni 80 nacque la sua terza serie di immagini, ovvero Seascapes: in quest'opera emerge tutto l'amore dell'artista per il vuoto, il minimalismo, il perfezionismo e l'eleganza. Negli stessi anni si dedicò anche all'architettura aprendo un suo laboratorio nel quale, confidando sull'aiuto di tre giovani architetti, ebbe modo di realizzare parecchie delle sue idee. Sempre negli anni 80 ebbe una fervente attività galleristica, partecipando a svariate mostre tra le quali alcune alla Sonnabend Gallery, New York (1981), New Museum of Contemporary Art, New York (1985) e Cleveland Kunstmuseum, Cleveland (1985).

Negli anni 90 videro la luce prima Praise of Shadow (dove l'artista ha catturato l'immagine della fiamma di una candela mossa dal vento) nonché Portraits, la quarta serie di immagini. Parteciò anche in questi anni a svariate mostre in giro per l'Europa ed in particolare in Belgio, Austria, Giappone, Londra e Spagna.

Nel 2000 si dedicò alla fotografia dei pini dei giardini imperiali. L'anno successivo, il 2001, è l'anno della vittoria del Hasselblad Foundation International Award. Anche il nuovo millennio si aprì con innumerevoli mostre come la Deutsche Guggenheim Berlino e Guggenheim Museum Bilbao, Spagna (2000); Yokohama, Giappone (2001); Fruitmarket Gallery, Edimburgo e Jeu de Paume, Parigi (2004); Kunstsammlung Nordrhein-Westfalen, Düsseldorf (2007) e Museum der Moderne Salzburg Mönchsberg (2008).

Sempre negli anni 2000, ha ottenuto altri tre importanti premi internazionali, ovvero: il Praemium Imperiale della Japanese Art Association nel 2009, La Medal with Purple Ribbon Giapponese (2010) e l'Isamu Noguchi Award nel 2014.

Attualmente le sue opere sono esposte in musei quali l'Art Institute of Chicago Collection Database, il Guggenheim Berlin, il Guggenheim Museum di New York, il Metropolitan Museum of Art di New York, il Museum of Fine Arts diBoston, la National Gallery of Art di Washington D.C.

Per quanto riguarda invece Hiroshi Sugimoto, è tutt'ora un fotografo ed un artista nel pieno della sua attività, con la sua vita divisa tra il suo Giappone e l'America.

Irving Penn

Irving Penn, fratello maggiore del regista cinematografico Arthur Penn, nacque nel 1917 nel New Jersey e studiò presso la Philadelphia Museum School of Industrial Art presso la quale si è laureato nel 1938, studiando sotto Alexey Brodovitch. Ancora durante gli studi, il giovane Penn cominciò a collaborare con la rivista Harper Bazaar che pubblicò parecchie delle sue opere, in particolare disegni ma anche qualche opera pittorica.

Terminati gli studi, Penn si trasferì nella città di New Yorkdove iniziò la carriera di designer freelance e illustratore. Nel 1940 lasciò la grande mela per percorrere la strada del pittore dopo aver tentato anche la carriera cinematografica, come regista pubblicitario. Dopo tre anni, nel 1943, Penn tornò a New York ed accettò un lavoro come assistente scenografo per il famoso Liberman, patron di Vogue. Il suo primo incarico fu quello di supervisionare le copertine della rivista. Il primo ottobre del 1943, Irving Penn scattò la sua prima foto nella quale erano presenti alcuni accessori come un guanto ed una borsa: una foto molto semplice e pulita, al punto che lo stesso Liberman la volle come copertina di Vogue. E non fu che la prima: in oltre 50 anni di attività presso la rivista, Irving Penn firmò oltre 150 copertine. Durante la sua lunga esperienza con Vogue, Irving Penn ha sempre saputo mantenere il suo stile (calma e classe) nonostante i vari cambiamenti della moda.

Le sue immagini di moda, semplici ed austere, hanno la capacità di comunicare in maniera immediata l'eleganza ed il lusso attraverso la raffinatezza compositiva e la semplicità delle linee, piuttosto che attraverso l'uso di oggetti di scena e fondali elaborati.

Nel 1944 cominciò a realizzare ritratti in bianco e nero con l'artista Giorgio de Chirico come suo soggetto, durante un periodo passato nella città di Roma, in Italia. Successivamente divenne un ritrattista influente, fotografando un gran numero di celebrità, impegnandosi con ogni soggetto in sedute fotografiche lunghe parecchie ore nel tentativo di catturare la vera personalità del proprio soggetto. Una caratteristica dei suoi ritratti è che soggetto è di solito posto davanti a un fondale neutro (grigio o bianco) e fotografato con la luce naturale proveniente da nord (in nuova Guinea si portò uno studio fotografico portatile dove la luce proveniva da un lucernario creato nella struttura dello studio, ovviamente a nord). Le immagini risultanti combinano semplicità ed immediatezza con grande raffinatezza formale.

Come variante rispetto al fondale neutro, Penn creò un fondale "ad angolo": realizzò una serie di montanti per far si che due fondali potessero chiudersi appunto in un angolo.

Ed in quest'angolo sistemò i suoi soggetti, guidando, grazie al gioco delle luci sulle pareti, l'occhio degli osservatori direttamente sul proprio soggetto. In pratica riuscì ad estremizzare il concetto di fondale neutro, trasformando quest'ultimo in una specie di "linea obliqua" confluente verso la parte importante della foto stessa. Tra i soggetti fotografati in questa maniera possiamo ricordare Martha Graham, Marcel Duchamp, Georgia O'Keeffe, WH Auden, Igor Stravinsky e Marlene Dietrich.

Nel 1950, Penn sposò la sua modella preferita, Lisa Fonssagrives che gli diede un figlio. Nel 1953 fondò il suo studio di fotografia.

Tra il 1950 ed il 1951 creò una memorabile serie di ritratti, collettivamente chiamati piccoli commerci, di operai a New York, Parigi, Londra abbigliati nelle loro uniformi da lavoro e con in mano gli strumenti del mestiere. Questo progetto fu poi esteso a posti come il Nepal, la Nuova Guinea, il Dahomey (oggi Benin) ed il Marocco. Successive Pen si dedicò alle stampe al platino di nudi femminili e di mozziconi di sigaretta, stampe caratterizzate dalla stessa finezza tonale, virtuosismo compositivo e serenità che segnarono la sua fotografia di moda e ritrattistica.

Trecento immagini di Penn furono pubblicate nel libro Momenti conservati (1960). Oltre a questo, ce ne furono altri due: Mondi in una piccola stanza del 1974 (una raccolta di ritratti di persone incontrate in locali di cittadine straniere e remote) e Passage del 1991 (un'indagine retrospettiva di oltre 400 immagini del suo lavoro in ritrattistica, moda, studi etnici).

Nel 1996 donò il suo archivio fotografico all'Art Institute di Chicago. Irving Penn continuò la sua carriera di fotografo fino quasi alla fine, avvenuta il 7 Ottobre 2009, all'età di 92 anni.

Izis Bidermanas

Israëlis Bidermanas, meglio noto con lo pseudonimo di Izis, nasce a Marijampole, in Lituania (allora ancora Impero Russo) il 17 gennaio 1911.

Il giovane Izis, come molti, è attratto principalmente dalla pittura, motivo per cui nel 1930, a soli 19 anni, decide di trasferirsi a Parigi, città a quel tempo universalmente riconosciuta come capitale delle arti.

Inizialmente vive un periodo estremamente difficile, principalmente per due motivi: è senza soldi e non conosce minimamente la lingua francese.

Armato di pazienza e di grande forza di volontà Izis supera uno dopo l'altro questi scogli e riesce finalmente anche a trovare un lavoro. E' assunto in un laboratorio fotografico.

Poco tempo dopo, nel 1933, riesce ad aprire un proprio studio di fotografia, situato nel tredicesimo arrondissement della città.

Nel 1934 si sposa con Nina Rabkina, dalla quale ha un figlio, Manuel.

Pochi anni dopo però, nel 1941, deve scappare a causa dell'invasione nazista (era di origine ebraica). Trova rifugio ad Ambazac, piccolo comune nel cuore della Francia a poca distanza dalla città di Limoges. Qui adotta anche lo pseudonimo di Izis.

Nonostante la fuga viene ugualmente catturato e torturato. Viene liberato dalla Resistenza Francese nel 1944 e decide anche di entrarne a far parte.

Sviluppa la sua passione per la fotografia continuando a scattare e ritraendo i suoi compagni di battaglia, come per esempio il Colonnello Georges Guingouin.

Questi scatti lo mettono al centro dell'attenzione. Le immagini di Izis si distinguono per stile e tecnica.

Ad occuparsi per la prima volta delle sue foto è il poeta e compagno nella Resistenza Robert Giraud, che scrive su Unir, rivista creata dalla Resistenza stessa.

In particolare realizza una fortunata serie di fotografie di membri dei Maquis che gli vale particolare fama.

Terminato il secondo conflitto mondiale rientra subito a Parigi, dove stringe amicizia con il poeta Jacques Prevert ed altre personalità come Aragon, Vercors e Marc Chagall.

91

Comincia ad essere visto come un personaggio di rilievo e la sua opinione comincia ad avere un certo peso.

Nel 1946 si sposa nuovamente, questa volta con Luisą Trailin, da cui ha una figlia, Liza.

Pochi anni più tardi, nel 1950, Izis comincia a collaborare con la rivista Paris-Match, per la quale si trova a fotografare numerosi artisti dell'epoca, da Edith Piaf a Gina Lollobrigida, da Orson Wells a Grace Kelly, da Roland Petit a Jean Cocteau.

Realizza anche numerosi reportage fotografici all'estero. Tra i suoi viaggi ricordiamo Algeria, Israele, Inghilterra e Portogallo.

Per oltre vent'anni rimarrà fedele a Paris-Match.

Nel 1951 pubblica la suo opera più apprezzata, Paris des Rêves, i cui testi sono ad opera dell'amico Prevert. Nello stesso anno le sue foto sono anche in mostra al MOMA di New York.

L'enorme successo ottenuto con questa pubblicazione è ancora oggi una fantastica testimonianza di quanto la sua arte fosse stimata.

Le sue fotografie, apparentemente semplici, sono in realtà estremamente cariche di realismo. Nei suoi soggetti è spesso riflessa la durezza legata alla triste esperienza della guerra.

Nel 1965 esce Il circo di Izis, altra opera fotografica in cui si avvale della collaborazione degli amici Prevert e Chagall.

Nei suoi scatti ritrae i personaggi che caratterizzano il mondo circense, dallo sputafuoco al pagliaccio, dagli animali al pubblico che assiste divertito allo spettacolo.

Tre anni più tardi, nel 1968, dedica gli scatti di un intero volume all'amico pittore Chagall.

La sua attività prosegue incessante tra grandi mostre ed opere stampate. Izis muore il 16 maggio 1980 a Parigi, all'età di 69 anni. E' universalmente riconosciuto come uno dei più grandi fotografi del ventesimo secolo.

Izis è riuscito a trasmettere la passione per la fotografia anche al figlio Manuel, nato nel 1938 e fotografo per le riviste L'Express e Le Point, oltre che per diverse agenzie fotografiche.

James Nachtwey

Nachtwey è nato a Syracuse, New York, nel 1948. Quando era ancora in giovane età, la sua famiglia si trasferì in Massachusetts, dove trascorse il resto della sua infanzia. Nel 1966, all'età di 18 anni, Nachtwey si iscrisse al Dartmouth College, nella città di Hanover (New Hampshire). Qui Nachtwey studiò Storia dell'Arte e Scienze Politiche fino all'estate del 1970, quando si laureò.

Prima di conseguire il titolo di studio, tuttavia, Nachtwey cominciò a far parlare di se per la realizzazione di alcune immagini molto forti relative ad importanti eventi che accaddero durante la sua permanenza al college tra cui alcune fotografie scattare al Movimento per i diritti civili e durante la guerra del Vietnam.

Nachtwey ha da sempre avuto un occhio particolare in grado di catturare l'angoscia ed il dolore delle persone coinvolte in eventi terribili, caratteristica che ritroviamo praticamente in tutti i suoi lavori. Nachtwey, oltre a coprire la guerra del Vietnam ed il movimento dei diritti civili, fotografò la povertà e l'indigenza in nazioni quali la Romania, la Somalia, l'India, il Sudan, la Bosnia, il Ruanda, loZaire, la Cecenia ed il Kosovo: buona parte delle fotografie più emblematiche scattate durante questi viaggi (382, per la precisione) furono pubblicate nel 2000 nel libro Inferno. Nachtwey, inoltre, coprì anche la prima guerra del Golfo, così come la più recente guerra in Iraq.

James Nachtwey non ha mai ricevuto alcun insegnamento formale nel campo della fotografia, anzi, egli stesso fu insegnante di fotografia durante i periodi passati a bordo delle navi della Marina Mercantile. Il suo primo incarico nel campo della fotografia arrivò nel 1976, quando fu trasferito in New Messico per iniziare a lavorare come fotografo di un giornale locale. Il tempo di apprendere sul campo le basi dell'arte fotografica e del fotogiornalismo, Nachtwey si trasferì nella Grande Mela nel 1980. A New York fu assunto come fotografo freelance dalla rivista Time che lo inviò in Irlanda del Nord per documentare il conflitto scoppiato in quelle terre.

Dal 1981, Nacthwey coprì tantissimi eventi, per lo più drammatici, in Corea del Sud, Thailandia, Sri Lanka, Sud Africa, El Salvador, Libano, Indonesia, Nicaragua, Brasile, Cisgiordania, Gaza e Afghanistan. In questi ultimi due posti trascorse tantissimo tempo e produsse una quantità enorme di materiale a documentare il conflitto in corso tra i palestinesi e gli israeliani, così come la guerra in Afghanistan dopo l'attacco dell'11 settembre (e proprio quell'11 settembre del 2001 Nachtwey era a New York e realizzò un documentario particolarmente famoso sull'attacco alle torri gemelle del World Trade Center).

Il lavoro di Nachtwey come fotografo freelance per la rivista Time finì 1984. Nel contempo lavorò per la rivista Black Star tra il 1980 ed il 1985 e fu membro della famosissima agenzia Magnum dal 1986 fino al 2001, anno in cui fondò insieme ad altri colleghi la VII Photo Agency.

I suoi saggi fotografici sono stati messi in mostra in alcuni dei più noti e prestigiosi musei d'arte del mondo tra cui il Palazzo Esposizione di Roma, il Centro di Hasselblad in Svezia, l'International Center of Photography di New York, El Circulo de Bellas Artes di Madrid, il Carolinum a Praga, la Galleria Canon e il Nieuwe Kerk di Amsterdam.

Nachtwey, durante la sua carriera, ha vinto parecchi premi nel campo della fotografia: il premio Alfred Eisenstaedt, il Premio Canon e il W. Eugene Smith Memorial Grant. Ricordiamo inoltre come Nachtwey è stato fino ad ora insignito del World Press Photo Award per due volte, del Magazine Photographer of the Year per sei volte, dell'International Center of Photography Infinity Award per tre volte, del premio Beyeaux per Corrispondenti di Guerra per due volte. Ha inoltre vinto per ben cinque volte quello che probabilmente può essere definito il premio più ambito ed importante nella fotografia: la Robert Capa Gold Medal.

In aggiunta ai suoi numerosi premi, Nachtwey è inoltre membro della Royal Photographic Society e mantiene un dottorato onorario di Belle Arti, presso il Massachusetts College of Arts. Nel Marzo 2002 Nachtwey fu inoltre insignito del Dan David Prize, un premio che, ogni anno, dona 1 milione di dollari a personalità di spicco in campo scientifico, tecnologico, culturale o sociale sul mondo.

Oltre al libro Inferno, Nachtwey ha pubblicato Atti di guerra (1989) più una lunghissima serie di saggi fotografici facilmente reperibili nelle librerie (tra cui il già nominato saggio relativo all'attacco al World Trade Center del 2001). Nachtwey è stato anche il soggetto del film War Photographer di Christian Frei nel 2002.

Attualmente James Nachtwey vive New York, continuando a scattare fotografie e pubblicare saggi, sotto le insegne, nuovamente, della rivista Time.

Jeanloup Sieff

Jeanloup Sieff nacque a Parigi nel 1933 da genitori polacchi, si laureò in filosofia nel 1945 e poi decise di intraprendere altri studi come la letteratura, il giornalismo e la fotografia sia presso Vaugirard a Parigi che presso Vevey in Svizzera.

La sua prima macchina fotografica le fu regalata dallo zio all'età di 14 anni, si trattava di una Photax (poco più che giocattolo) che, a quanto pare, segnò particolarmente la sua decisione di dedicarsi completamente al mondo della fotografia.

Lui stesso affermò: "Se non avessi ricevuto quella macchina fotografica, oggi sarei forse un attore, regista, scrittore o gigolò".

La sua prima pubblicazione avvenne nel 1950 su Photo Revue, ma il successo iniziò ad arrivare nel 1960 quando fotografò i ballerini che apparvero nel Balletto dell'Opera di Parigi, tra i quali Rudolph Noureev, Carolyn Carlson, Claire Motte e Nina Vyroubova.

Sieff sosteneva che i ballerini hanno un "intelligenza corporea" che permette loro di riempire lo spazio con i movimenti. In un'intervista disse: "Tra i modelli che fotografo per le riviste di moda, riconosco subito quelli che hanno studiato danza. Sanno come muovere le teste, sanno come sedersi ed hanno una naturale eleganza e padronanza del corpo".

Sieff decise di abbandonare il suo lavoro come fotografo freelance nel 1958 quando entrò a far parte dell'agenzia fotografica Magnum, per la quale ebbe incarichi a Roma in occasione della morte di Papa Pio XII, in Turchia, in Grecia e in Polonia.

La collaborazione con Magnum non durò tantissimo, tant'è che già l'anno successivo, il 1959, sancì la fine dei rapporti tra le parti. Lo stesso anno realizzò per Réalités un drammatico servizio sugli scopieri nelle miniere belghe del Borinage, servizio che gli valse anche un PrixNiecpce.

Nel 1961 si trasferì a New York dove iniziò a collaborare con Harper Bazaar, Glamour, Look, Esquire e le versioni europee di Queen, Elle e Vogue. Le fotografie pubblicate su queste riviste, come tutte quelle da lui realizzate, sono in grado di comunicare il fascino immortale del mondo patinato dei film, delle vite vissute sotto il cielo di Hollywood, degli eccessi e dei successi di chi, di quel mondo, ne era parte.

Nel 1965 partecipò ad mostra fotografica a caratura mondiale in Germania per poi fare ritorno a Parigi dovve continuò a lavorare per Vogue, Elle, Nova e per coltivare alcuni progetti personali.

Nel 1970, anno in cui gli venne conferita la medaglia d'oro in Jugoslavia durante la mostra fotografica di Zadar, sposò Barbara Rix dalla quale ebbe una figlia, Sonia Sieff. Nel 1971 arrivò l'ennesima medaglia d'oro conferitagli dal Museum of Modern Art di Skopje, sempre in Jugoslavia.

Gli anni successivi furono impegnativi per Sieff: oltre ai suoi tanti progetti personali, nel 1979 diventò membro del consiglio di amministrazione della Fondazione Francaise a Lione, nel 1991 girò Parigi per Médecin Sans Frontiere che lo portò a vincere il Gran Premio Nazionale nel 1992.

Sieff ha anche fotografo tantissime celebrità, tra le quali: Jane Birkin, Yves Montand, Alfred Hitchcock, Jacques – Henri Lartigue, Yves Saint – Laurent, Rudolf Nureyev.

Il lavoro di Sieff è caratterizzato dal trionfo assoluto della bellezza. Se per qualcuno la fotografia è solo uno strumento funzionale, per Sieff è una riflessione sul mondo, una forma d'arte che racchiude un contenuto molto più profondo e per questo motivo è sempre andato alla ricerca di immagini sensazionali negli eventi storici che hanno caratterizzato il suo periodo.

Artisticamente Sieff è molto conosciuto per i suoi bellissimi nudi in cui immortalava con grande successo l'espressione massima della bellezza e anche le parti più commoventi del corpo. Per realizzare le sue fotografie, Sieff utilizzava spesso il grandangolo ilche gli consentiva di tenere sempre una certa distanza emotiva dal soggetto e consentire al contempo allo spettatore di immergersi in un sogno sensuale. Le immagini di Sieff rimangono invariate nel tempo, come se fossero poste in una dimensione metafisica senza tempo.

Molto celebri per la loro estrema bellezza sono i ritratti di Catherine Deneuve, i primi piani ironici di Alfred Hitchcock, Jean Paul Sartre, e del suo collega fotografo Robert Doisneau.

Jeanloup Sieff morì il 20 settembre del 2000. Il suo lavoro non è però concluso: la moglie Barbara Rix e la figlia Sonia Sieff proseguono tutt'ora la sua tradizione e sono, a loro volta, divenute fotografe affermate.

Jerry Uelsmann

Jerry Uelsmann è uno dei maestri della fotografia americana, capace di influenzare l'ambiente fotografico gli anni 60, portando alla ribalta un nuovo concetto di estetica ed un nuovo linguaggio fotografico.

A metà tra il moderno ed il contemporaneo, Jerry Uelsmann attua una vera e propria rivoluzione d'immagine e di stile diventando il precursore di quella che poi è divenuta, a giorni nostri, la manipolazione digitale (tramite programmi di fotoritocco quali Photoshop) delle foto.

La manipolazione messa in atto da Uelsmann è ovviamente "analogica", attuata mediante la tecnica della la sovrapposizione dei negativi. In fase di scatto, Uelsmann, utilizza una reflex mono-obiettivo ma in camera oscura arriva ad usare fino a dodici ingranditori. Ogni negativo va in un ingranditore diverso e la carta della stampa viene spostata da un ingranditore all'altro al fine di avere più esposizioni sullo stesso foglio (e quindi sulla stessa stampa finale). In pratica, tutto il genio di Uelsmann viene espresso nella camera oscura piuttosto che in fase di scatto: per Jerry lo scatto non è fine a stesso, non è il traguardo ma è la prima tappa di un viaggio creativo in cui va formandosi l'opera d'arte. Perché di opere d'arte si trattano: Jerry Uelsmann l'arte l'ha messa in tutti gli scatti realizzati, richiamandosi a Magritte, alla letteratura, alla filosofia ed alla psicologia.

I collage realizzati da Uelsmann, usando differenti foto e differenti soggetti, sono semplicemente unici. Le sue immagini, i suoi lavori, hanno un fascino ed una bellezza assoluti, senza tempo.

Il talento del fotografo è proprio nel riuscire a creare in ogni scatto un mondo onirico, surreale, ricco di significati e di profondità sempre nuovo e sempre diverso. Ogni opera sembra attingere ad una fonte creativa a se stante, creando quell'insieme di destabilizzazione, meraviglia, perplessità ed inquietudine tipici delle opere di Uelsmann. C'è inoltre da dire che le sue combinazioni sono sempre molto armoniche nonostante l'irrealismo. Il suo fine è quello di mostrare il mondo attraverso delle metafore per colpire la coscienza creativa di chi guarda.

Nelle immagini realizzate da Uelsmann è possibile scorgere l'ombra di Minor White, suo maestro, e di Beaumont Newhal, due fotografi che hanno pesantemente influenzato la visione artistica di Jerry al punto da spingerlo al suo "nuovo modo" di concepire la fotografia: la fotografia non è più testimone della realtà.

Jerry Uelsmann nacque nel 1934 a Detroit. Secondo figlio di una famiglia di droghieri, frequentò le scuole pubbliche con profitto ed iniziò ad interessarsi alla fotografia quanto era ancora un liceale (1948). Inizialmente Uelsmann si dedicò ai servizi fotografici per i matrimoni, cercando di riprodurre le opere dei grandi artisti della fotografia nel tentativo di perfezionarsi ma permettendo sempre alla sua creatività di irrompere nel suo lavoro, fidandosi del suo istinto e del suo intuito.

Dal 1955 al 1960 studiò presso il Rochester Institute Tecnology dove ebbe modo di apprendere le tecniche fotografiche da White Minor.

Presso l'Indiana University, nel 1958, lavorò come assistente di laboratorio ma ben presto optò per il dipartimento d'arte, dove studiò storia dell'arte. Nello stesso periodo, Jerry venne insignito dalle due università di due importanti riconoscimenti, ovvero il "Bachelor of fine arts" (Rochester Institute Tecnology) e il "Master of fine arts" (Indiana University).

Nel 1960 si iscrisse all'Università della Florida, iniziando nel contempo a rivoluzionare il mondo espressivo della fotografia. Nel corso dello stesso decennio, Jerry Uelsmann tenne varie mostre personali tra cui, nel 1967, un'esposizione al MOMA che gli permise di vincere il Guggenheim Fellowship. Nel 1966 affiancò alla sua professione (o meglio, passione) fotografica quella dell'insegnamento inizialmente in Florida e successivamente all'Indiana University (fino al 1998, anno in cui si è ritirato in pensione).

Negli anni 70 vinse numerose borse di studio fra cui una all'Università della Florida nel 1971 ed una nel 1972 presso il The National Endowment. L'anno seguente (1973), Uelsmann divenne ufficialmente membro della Royal Photographic Society inglese. In questi anni si trasferì definitivamente in Florida, innamorandosi della cittadina di Gainesville.

Fra il 1974 ed il 1977 esose la sua prima monografia, ricevendo il certificato di merito di Publication Designers ed il certificato di Eccellenza dall'American Institute of Graphic Arts per i contributi al New York Times.

Nel 1978 tenne probabilmente la sua mostra più importante, curata da Swarovski, al MOMA, che gli permise di ottenere una notevole visibilità internazionale. Oltre l'esposizione in questione, Uelsmann ha esposto in tutto il mondo, in centinaia di eventi.

Jerry Uelsmann, attualmente, vive a Gainesville con la sua terza moglie Maggie Taylor, anche lei artista, ed il figlio Andrew.

Lunghissimo l'elenco delle pubblicazioni dell'artista, anch'esse realizzate in giro per il mondo:

- Dances with Negatives (California, 2011)
- Synchronistic Moments (Italy, 2011)

- Moth and Bonelight (Massachussets, 2011)
- The Mind's Eye (California, 2010)
- Whispers of Blended Shadows: The Art of Jerry Uelsmann (Taiwan, 2008)
- Prima Facie: The Photography of Jerry Uelsmann (China, 2008)
- Meditation Navigation: Jerry Uelsmann 1961–2006 (Italy, 2007)
- Maggie and Jerry: The Works of Jerry Uelsmann and Maggie Taylor(Korea, 2007)
- Imaginary Space: Jerry Uelsmann Retrospective (China, 2007)
- Just Suppose: Photographs by Jerry Uelsmann and Maggie Taylor(Florida, 2007)
- Outside In: The Transformative Vision of Jerry Uelsmann. Dir. Daniel Reeves. DVD. (Florida, 2006)
- Other Realities (New York, 2005)
- Referencing Art (Arizona, 2003)
- Approaching the Shadow (Arizona, 2000)
- Museum Studies (Arizona, 1999)
- Uelsmann/Yosemite (Florida, 1996)
- Jerry Uelsmann: Photo Synthesis (Florida, 1992)
- Uelsmann: Process and Perception (Florida,1985)
- Jerry N. Uelsmann—Twenty-five Years: A Retrospective (Massachussets, 1982)
- Jerry N. Uelsmann: Photography from 1975–79 (Illinois, 1980)
- Silver Meditations (New York, 1975)
- Eight Photographs: Jerry Uelsmann (New York, 1970)
- Jerry N. Uelsmann (New York, 1970)

Josef Koudelka

Josef Koudelka nacque nel 1938 a Boskovice, nella Moravia (attuale regione della Repubblica Ceca), una cittadina di circa 10.000 abitanti. Iniziò a fotografare sin dalla giovane età usando una macchina fotografica 6×6 Bakelite ed usando i suoi familiari ed i dintorni della sua abitazione quale soggetto. Nel 1961 conseguì la laurea presso l'Università Tecnica Ceca (CVUT) a Praga, organizzando nel contempo la sua prima mostra fotografica. In seguito, lavorò in qualità di ingegnere aeronautico nelle città di Praga e Bratislava.

Dopo la laurea, continuò a fotografare come amatore anche se cominciarono ad arrivare parecchie commesse da riviste teatrali per ingaggiarlo quale fotografo di varie rappresentazioni tenutesi nel Teatro di Praga, tutte documentate con la sua fedele Rolleiflex. Koudelka, nel 1967, decise che le due vite di ingegnere e fotografo erano inconciliabili e rinunciò alla sua carriera per dedicasi a tempo pieno alla fotografia.

Il 1968 fu un anno molto particolare per Koudelka che iniziò con il rientro in patria dalla Romania (dove era stato per fotografare la comunità zingara) appena due giorni prima dell'invasione della stessa Romania da parte della Russia, per concludersi con un dettagliato reportage della Primavera di Praga, quando le forze militari del Patto di Varsavia (capeggiate dalla Russia) invasero la città di Praga per soffocare nel sangue i venti di riforma della cittadina. Koudelka riuscì, tramite canali clandestini, a far uscire dalla città i negativi delle sue fotografie, negativi che furono pubblicati dall'arcinota agenzia Magnum (sul Sunday Times), sotto lo pseudonimo PP (Prague Photographer). Le fotografie scattate durante la Primavera di Praga (in particolare per il coraggio eccezionale dimostrato nell'immortalarle) valsero a Koudelka, nel 1969, l'assegnazione della Robert Capa Gold Medal ad opera della Overseas Press Club.

Koudelka, grazie a quelle foto, ottenne anche un importante appoggio da parte della Magnum (Koudelka era amico personale di Henri Cartier-Bresson) per la domanda di un visto di lavoro di tre mesi in Inghilterra, dove giunse nel 1970. Visto di lavoro che si tramutò, una volta in territorio inglese, in richiesta di asilo politico. Inutile dire che, nel frattempo, Koudelka entrò a far parte della famiglia Magnum (era il 1971), abbandonata dopo circa dieci anni.

Nei decenni '70 ed '80, Koudelka continuò a girovagare per l'Europa, organizzando mostre fotografiche e pubblicando libri, grazie anche alla vincita di svariati premi e borse di studio (tra i premi pi prestigiosi possiamo ricordare il Prix Nadar nel 1978, il Grand Prix National de la Photographie nel 1989, il Grand Prix Cartier-Bresson nel 1991 o l'Hasselblad Foundation International Award in Photography del 1992). Pubblicazioni importanti sono senz'altro Gypsies del 1975 e Exiles del 1988.

A partire dal 1986 Josef Koudelka cominciò ad usare una macchina fotografica panoramica con la quale scattò le immagini contenute nel suo libro Caos, pubblicato nel 1999. L'ultima opera data alle stampe è stata una sua retrospettiva, chiamata semplicemente Koudelka, del 2006.

Per quanto riguarda le mostre organizzate o in onore del fotografo ceco, sono da ricordare quelle tenutesi presso il Museo d'Arte Moderna e il Centro Internazionale di Fotografia di New York, la Hayward Gallery di Londra, lo Stedelijk Museum of Modern Art di Amsterdam o il Palais de Tokyo di Parigi.

Nel 1987 Josef Koudelka divenne cittadino francese e quattro anni più tardi, nel 1991, riuscì finalmente a rimettere piede nella sua nazione natale, divenuta Cecoslovacchia. Da quella data, il fotografo si divide tra le due residenze di Parigi e di Praga insieme alla moglie e i tre figli nati, a sottolineare il suo continuo errare per il continente, rispettivamente in Francia, Inghilterra ed Italia.

I primi scatti di Koudelka hanno plasmato in modo significativo la sua fotografia, mettendo in risalto la sua predilezione per la vita culturale e sociale della gente comune, oltre che della morte (ricordiamo che proprio le foto della devastazione della sua terra sono valse al fotografo la fama). Desolazione, rifiuti, addii, alienazione e disperazione sono altri temi comuni dei suoi lavori, facilmente identificabili sia nelle foto scattate agli zingari, sia nel lavoro Black Triangle (1994) in cui raccontò la situazione desolante della sua terra devastata dalle ultime guerre.

Attualmente, nella sua carriera può contare su un attivo di 20 pubblicazioni, 11 premi e 19 mostre tenutesi in giro per il mondo, Italia compresa (1999, 2000, 2001 e 2003 a Roma, Palermo, Milano ed ancora Roma).

Lewis Baltz

Lewis Baltz è un fotografo statunitense contemporaneo, uno dei massimi esponenti della visual art e del movimento anni '70 "New Topographic". Il movimento segna uno spartiacque fra arte ed obiettività, sottolineato dalle opere di Baltz.

Baltz ha un obiettivo chiaro in mente: riproporre il concetto di estetica attraverso la ricerca della bellezza nella desolazione, a differenza di autori come Ansel Adams che la bellezza la ricercano nella spettacolarizzazione dei classici paesaggi naturali incontaminati americani. Per arrivarci, Lewis Baltz affronta due stadi: il primo (anni 70 e 80) caratterizzato da un accostamento minimalista e seriale ai progetti di documentazione del paesaggio mentre nella seconda (anni 90) il suo approccio diviene più allegorico ed incentrato sullo sviluppo del potere tecnologico.

I soggetti principali di Lewis Baltz sono i paesaggi urbani, le costruzioni dell'uomo. Lo scopo è evidenziare il controllo ed il potere dell'uomo sull'ambiente. Non solo, Baltz vuole far emergere la profonda crepa che si crea fra il degrado dell'evoluzione tecnologia e l'ambiente. Ed in tutto questo, preponderante e dominante è la bellezza della solitudine, il fascino del paesaggio arido in cui ad un primo sguardo nessuno direbbe che vi si possa trovare qualcosa di piacevole, se non la poesia del silenzio e dell'immobilità. Ecco il ribaltamento dell'idea dell'estetica: vuoto ed assenza non sono per forza sinonimi di negatività e tristezza.

Baltz elabora tutte queste idee con uno stile minimalista, obiettivo, privo di trasporto in cui predominano forme, geometria, neutralità. Non vi è demonizzazione nel mostrare il predominio della costruzione sulla natura, ma solo un'esposizione nuda e cruda della realtà. Il genio di Baltz sta proprio in questo concetto chiave: egli scorge la bellezza dove gli altri non la vedono.

Lewis Baltz nacque nella cittadina di Newport Beach il 12 settembre 1945.

Quasi nulla è pervenuto dell'infanzia di Baltz di cui si conoscono invece dettagliatamente gli studi: si è laureato in Belle Arti al Art Institute di San Francisco (1969) e ha conseguito un master in Belle Arti al Claremon Graduate School. Il suo primo effettivo lavoro artistico è stata la serie intitolata The Tract Houses (1969 – 1971) seguito nel 1974 dalla realizzazione di un libro fotografico, in bianco e nero, in cui ha mostrato l'architettura industriale di Orange (California).

La prima borsa di studio, National Endowment for the Arts, è arrivata per l'artista nel 1973 seguita da una prima mostra con la quale Lewis ebbe modo di farsi notare al grande pubblico: il tema della mostra era incentrato sulle immagini dei parchi industriali di Irvine.

Il 1975 è stato l'anno dell'evento chiave nella carrieredi Lewis Baltz, la "New Topographics: Photographs of a Man-Altered Landscape". In questa occasione, in cui si è fatta la storia della fotografia, Baltz fu scelto con altri otto esponenti per rappresentare il movimento.

Successivamente, nel 1977, Baltz ha prodotto un servizio fotografico in Nevada, un set di immagini in cui l'artista ha impresso la supremazia delle costruzioni di strade ed edifici sul paesaggio circostante.

Nel 1980 Baltz si è trasferito in Europa dove ha sperimento nuove tecniche ed il colore. Nel 1981 ha realizzato uno dei suoi lavori più celebri, il "reportage" sulle costruzioni edilizie in Park City dove si alternano immagini di edifici in fase di costruzione alla devastazione ambientale causata dai detriti. Successivamente Baltz ha pubblicato il libro San Quentin Poin in cui ha evidenziato una visione critica della tecnologia e del cambiamento operato da questa nel paesaggio.

Nel 1986 è stata la volta della prima mostra a Venezia "Dialectcal Landscapes" seguito da un intenso lavoro sui centri di ricerca e le industrie hi-tech in Francia ed in Giappone (1989-1992). Nello stesso periodo Baltz si è trasferito a Parigi dopo un tentativo fallimentare di entrare in politica negli USA. Durante questi anni è stato incaricato di collaborare alla rilettura dell'impianto urbanistico in Olanda ma il suo lavoro è stato più volte duramente criticato.

Negli anni 90 Baltz ha realizzato un film "End to End" sulla storia dell'Emilia dalla nascita del PDS alle cooperative di consumo (1993) ed un libro catalogo sui lavori "Ronde de Nuit ", "Docile Bodies" e "The Politics of Bacteria" (1998, Museum of Contemporary Art).

Baltz nel corso della sua carriera ha vinto numerosi premi (J. S. Guggenheim Memorial Fellowship, Charles Brett Memorial Award, USA-UK bicentenario di Exchange Fellowship etc...) ed ha esposto in numerosi musei (The Whitney Museum of American Art di New York, il Museo d'Arte Moderna di Parigi, il San Francisco Museum of Modern Art, il Museum of Contemporary Art di Helsinki, la Tate Modern di Londra etc...).

L'artista, dopo aver insegnato fotografia fra Venezia (Università IUAV, facoltà di Design e Arti) e Parigi, è deceduto nel 2014. Ricordiamo anche le collaborazioni con la European Graduate School (Svizzera) e con il progetto Colle Val d'Elsa, organizzato dall'Atelier Jean Nouvel, che mira al rinnovamento del centro della città bassa.

Lewis Wickes Hine

Lewis Wickes Hine viene ricordato come uno dei più grandi fotografi del sociale della storia.

Lewis Wickes Hine, meticoloso, discreto e attento, con il suo lavoro di fotografo e con le sue opere documentarie ha contribuito in maniera sostanziale a produrre uno dei più grandi cambiamenti della legislazione lavorativa americana, riversando le sue conoscenze di sociologo nella fotografia. Il fotografo americano, infatti, fu autore di uno dei più massicci e soprattutto controversi reportage sul lavoro minorile e sullo sfruttamento nel lavoro. Proprio i crimini legati allo sfruttamento sono il fulcro dell'opera di Hine, il cui fine è stato sempre quello di promuovere le riforme sociali a favore delle classi più deboli e sfruttate.

Fondendo arte, maestria e conoscenza dell'animo umano, Hine ritrasse alcune grandi opere dell'uomo come l'Empire State Building, ma anche il risvolto della medaglia: non solo insomma bellezza e grandiosità ma anche sofferenza, pena, paura. Ne scaturirono immagini forti, autentiche, in grado di suscitare sdegno e desolazione.

Con la sua incredibile dedizione, le inchieste, le raccolte dei dati e l'agilità con cui s'intrufolava in ambienti in cui non era chiaramente desiderato, Lewis Wickes Hine mostrò al mondo una realtà che sconvolse gli USA: i momenti difficili della Grande Depressione, uomini costretti a lavorare in condizioni precarie e pericolose, bambini di dieci anni costretti a lavorare in condizioni proibitive ed in orari disumani per guadagnare poco o niente, nel tentativo di aiutare le proprie famiglie e per soddisfare la sempre crescente necessità di forza lavoro.

Lewis Wickes Hine non è ricordato esclusivamente per i suoi scatti ma anche per le annotazioni del fotografo stesso aggiunte dietro le immagini: date, nomi e frammenti di storie. Lewis Wickes Hine volle raccontare quanto più dettagliatamente possibile le storie umane celate dietro le condizioni di schiavismo a cui sono costretti adulti e bambini.

Per Hine la fotografia assunse valenza di strumento per denunciare, per restituire dignità, per difendere i diritti umani. Ed è grazie al suo lavoro che negli Stati Uniti vennero riviste e riscritte le leggi sul lavoro minorile.

Lewis Wickes Hine nacque nel 1874 a Oshkosh (Wisconsin). Iniziò ad interessarsi alla fotografia fin da giovane. A causa di alcuni problemi economici a seguito della perdita del padre, Hine iniziò a cercare lavoro per aiutare la famiglia e permettersi gli studi al college. Frequentò con profitto la University of Chicago, dove si laureò in sociologia, quindi la Columbia e la New York University. Rimane nella Grande Mela per insegnare alla Ethical Culture School. Con il passare del tempo e grazie l'esperienza maturata anche durante i suoi anni di lavoro minorile, Hine si accorse come la fotografia sia un valido strumento di denuncia sociale, un mezzo con cui mostrare aspetti della realtà che molto spesso vengono omessi, nonché per attirare l'attenzione della gente, di tanta gente, su di essi. Hine sviluppò una certa sensibilità verso le classi sociali più povere ed iniziò il suo lavoro di denuncia sociale nel 1904, fotografando lo sbarco degli immigrati ad Elllis Island.

Due anni dopo si trovò a lavorare per la National Child Labor Committee, per cui scattò fotografie di minori sfruttati. Attività che continuò fino 1918. Nel mentre, Hine si recò anche a Pittsburgh dove fotografò operai al lavoro in una zona industriale siderurgica (1908). Un anno dopo uscì il suo lavoro Women and the trades (1909) e successivamente The steel workers (1911). La prima guerra mondiale segnò un cambio di soggetto per il fotografo statunitense, che si concentrò sull'opera della Croce Rossa in Europa. Nel 1920 uscì un lavoro connesso a quest'attività fotografica: The human cost of war.

Uno dei più grandi lavori per cui viene tutt'ora ricordato è quello contenente gli scatti realizzati durante la costruzione dell'Empire State Building (1930): immagini che mostrano gli operai lavorare in condizioni di lavoro disumane, molto pericolose e senza alcuna misura di sicurezza. Gli scatti vennero poi raccolti nel libro "Men at work" (1932).

Negli anni della Grande Depressione, Hine fu in prima fila per testimoniare con le sue foto il duro lavoro della Croce Rossa, lavorando contemporaneamente per il Tennessee Valley Authority. Venne successivamente eletto nel consiglio di facoltà della Ethical Culture Fieldston School.

Un altro importante progetto di cui Lewis Wickes Hine fu autore nacque nel 1936, quando il fotografo venne convocato per il Progetto Nazionale di Ricerca delle Opere Progetti Amministrazione. Lavoro che rimase purtroppo incompiuto a causa della sua scomparsa.

Gli ultimi anni della sua vita furono particolarmente difficili, fra le lotte professionali e l'interesse circa il suo lavoro sempre più fievole. Hine si spense a New York (1940) dopo aver subito un intervento chirurgico.

Lynn Johnson

Lynn Johnson, donna dotata di grande sensibilità e coraggio, è considerata l'avanguardista del fotogiornalismo femminile.

Nei lunghi anni della sua carriera e nei numerosi scatti che l'hanno resa famosa, l'empatia, l'umanità e la sensibilità sono stati i tratti distintivi della sua fotografa. Una carriera ventennale trascorsa al servizio del National Geographic, un ruolo importante conquistato nella sua Pittsburgh e l'aiuto costante e disinteressato a svariate fondazioni sono state tutte tappe fondamentali nel viaggio artistico e formativo di questa straordinaria artista.

Lynn Johnson ha sempre considerato, e continua a considerare il ruolo di fotografo quale non solo artista ma anche e soprattutto come educatore, il cui compito è condividere, mostrare, educare, far comprendere e quindi innescare un cambiamento. L'obiettivo principe del fotografo e quindi dell'arte di Lynn Johnson è la trasposizione delle emozioni in ogni suo scatto, l'educazione delle coscienze di chi guarda ma anche la promozione del dialogo quale mezzo per abbattere diversità e pregiudizi.

Lynn Johnson fonde tutto questo, con il talento innato nel cogliere le sfumature emotive del quotidiano delle persone comuni. Le sue foto, infatti, sono sempre molto intense ma anche delicate, armoniose e dirette. Anche quando ritrae il dolore o gli aspetti meno gradevoli della realtà.

Lynn Johnson acquisisce (o meglio, cattura) gran parte di questo aspetto emotivo attraverso la preparazione meticolosa, maniacale che svolge prima di ogni lavoro, ovvero l'ascolto del soggetto e della sua storia, il contatto diretto con l'ambiente che lo circonda, vivendone la realtà ed immergendosi nel suo mondo, qualunque esso sia. Tutto ciò contribuisce a creare una storia oltre l'immagine, ad infondere trasporto, compassione ed emotività agli scatti.

Lynn Johnson ama affermare che questo è l'aspetto più adrenalinico del suo lavoro, un modo di fare fotografia lontano non solo dal freddo reporter fotografico, ma soprattutto più vivo, appunto più adrenalinico, dello stesso stare a contatto con rischi estremi, come ad esempio su un campo di battaglia.

Ovviamente, oltre a ciò, nelle foto dell'artista c'è posto anche per l'arte, soprattutto perché uno dei talenti della Johnson è quello di unire lo stile artistico allo stile documentaristico.

Il colpo di fulmine fra Lynn Johnson e la fotografia scattò durante gli anni del liceo in cui, giovanissima ragazza timida, scoprì fra i libri della biblioteca un servizio fotografico di Dorothea Lange e altri fotografi documentaristi operanti per la Farm Security Administration. Pur venendo da un background completamente differente da ciò che si ritrae in quelle foto, Lynn sentì di avere con quelle foto un feeling particolare, al punto di volersi dedicare all'arte della fotografia. La decisione finale di dedicarsi alla fotografia fu presa successivamente all'incontro con l'amico di famiglia Robert Gilka, direttore del National Geographic.

Lynn Johnson mosse i primi passi da fotografa nella sua scuola, scattando le fotografie per l'annuario del liceo, quindi si laureò all'Università di Rochester in Lettere e fotografia (1975) ed ebbe il primo impiego al Pittsburgh Press, dove fu la prima donna fotografa assunta della storia del giornale. I primi anni furono anni difficili poiché dovette raffrontarsi con un mondo lavorativo maschilista, cosa che comunque non fermò la giovane Lynn, capace di affermare il suo ruolo fino a diventare uno dei principali reporter della testata.

Uno degli incarichi che hanno segnato la carriera e la vita di Lynn Johson è, senza dubbio, quello che la vede documentare la vita dei pescatori di Long Island (1982) per il progetto Men's Lives. Un lavoro straordinario in cui Lynn riuscì a rendere onore e dignità a queste persone. Successivamente venne chiamata a lavorare per Life e finalmente giunse, nel 1989, al National Geographic. Oltre alla blasonata testata, divenne una collaboratrice fissa di Sports Illustrated e di varie fondazioni. Compì (e tutt'ora compie), insieme alla sua fidata Leica, numerosi viaggi che la portano e portarono a testimoniare tantissime situazioni di frontiera, tra i quali i conflitti in Vietnam ed in Zambia.

Durante la sua carriera, Lynn Johnson si occupò anche di mondanità, fotografando parecchie celebrità ma la sua passione rimase e rimane per le persone comuni e le loro vite.

In qualità di Knight Fellow, presentò la tesi del suo Master, sui crimini d'odio razziali e sessuali (2000), alla School of Visual Communications della Ohio University riscuotendo molto interesse tanto da pubblicarci successivamente un libro.

Ricordiamo che Lynn Johnson ha ricevuto anche molti premi: il Robert F. Kennedy Journalism Award for Coverage of the Disadvantaged, quattro premi World Press Photography, e il Picture of the Year della National Press Photographers Association.

Attualmente continua a svolgere il suo lavoro nella cittadina Pittsburgh e molti dei suoi lavori possono essere visionati, in tempo reale, sul suo profilo Instagram.

Marc Riboud

Marc Riboud è uno dei fotografi francesi più noti, ancora in vita, del XX secolo. Pur mantenendo sempre il suo inconfondibile stile classico, Riboud è un predecessore del movimento per cui il reportage non è un semplice documentario ma mostra anche un lato umano, con tutte le sue emozioni. Un movimento che si affermò, anche grazie a Riboud, negli anni '70.

Il genio artistico di Riboud ha molto a che fare con gli aspetti privati della sua vita: aperto, energico ed intellettuale nel privato così come nel suo lavoro. Da un lato ha sempre cercato di coinvolgere amici e familiari nelle sue imprese anche solo attraverso gli straordinari racconti dei suoi viaggi, dall'altro manifesta un'apertura fuori dagli schemi nel mondo artistico della fotografia con l'unione di tecnica e di sensibilità, la curiosità verso le innovazioni e le sempre nuove tecniche d'espressione.

Sensibile, distratto e simpatico nel privato, Riboud è un metodico su lavoro, preciso e dettagliato. In ogni suo scatto ci mette tutto se stesso, vi traspone la sua passione per la vita, per il mondo che lo circonda. In questo differisce molto dall'ideologia di Bresson per cui la foto altro non è che la cattura di un attimo irripetibile. Per Riboud, la foto è un pezzo di una qualche storia da raccontare. E proprio da quest'ultima frase si evince il perché la sua sia una fotografia così potente, evocativa, delicata ma allo stesso tempo profonda e pregna di significato.

In ogni scatto di Ribaud è possibile vedere quanta importanza egli dia alla comunicazione attraverso la fotografia: l'incontro e la condivisione delle differenze culturali, il realistico orrore della guerra, il degrado delle culture repressive e l'analisi della vita quotidiana dell'uomo, in qualunque parte del mondo e situazione questi si trovi. Riboud ha inoltre sempre affermato di non poter cambiare il mondo, ma di poterci provare mostrandolo per quello che è, in tutta la sua realtà. Riboud è, come si definisce, il narratore della trasformazione e della memoria.

Marc Riboud nacque il 24 giugno 1923 a Lione in una famiglia numerosa, quinto di sette figli. Il padre era un banchiere con due grandi passioni nella vita: la fotografia ed i viaggi. Una peculiarità della famiglia Riboud, perché anche gli zii erano "affetti" dalle medesime passioni, così come lo stesso Marc.

Il suo primo vero incontro con il mondo della fotografia avvenne grazie ad un regalo ricevuto: nel 1937 ebbe in dono dal padre la sua vecchia West Pocket Kodak, adoperata dallo stesso negli della guerra per documentare la vita sul fronte. A Parigi, durante l'Esposizione Universale, Marc cominciò a scattare le sue prime foto.

Eppure la fotografia non sembrò essere il destino di Marc Riboud: dopo la morte del padre, decise di arruolarsi fra i partigiani durante la seconda guerra mondiale, tra il 1944 ed il 1945. Successivamente Riboud riprese gli studi, di ingegneria, nella città di Lione lavorando in contemporanea in diverse fabbriche locali finquando, nel 1951, la passione per la macchina fotografica e i viaggi cominciarono a prendere il sopravvento. Fu il 1952 l'anno cruciale per la sua carriera da fotografo in quanto ebbe modo di entrare in contatto con Henri-Cartier Bresson, incontro propedeutico alla definitiva uscita dal mondo del lavoro per dedicarsi alla fotografia (quale free-lance).

Nel 1953 entrò di diritto tra i fotografi della Magnum Photos per rimanerne un fotografo ufficiale fino al 1979.

Il suo primo reportage fu realizzato in un villaggio a Tignes per Life, nel quale immortala un imbianchino in posa da funambolo fra le travi della torre Eiffel. Si stabilì successivamente, per sei mesi, a Londra dove documentò lo sciopero degli scaricatori di Liverpool per poi spostarsi in Spagna dove fotografò i sostenitori di Franco nel 1958. Si sposò con una scultrice, Barbara Chase, nel 1961 dalla quale ha avuto due figli e dalla quale divorziò nel 1981.

L'ancora sopita passione di famiglia per i viaggi esplose all'improvviso, portando Marc Riboud letteralmente in giro per il mondo. Venne ricevuto quale primo fotografo occidentale nella Cina di Mao Zedong dove per due anni documentò la dura realtà della vita contadina. Visitò in largo ed il lungo l'allora URSS e fu anche ricevuto a Cuba da Fidel Castro (1963).

Nel 1967 Ribaud prese parte a diverse manifestazioni contro la guerra in Vietnam. In una di queste, svoltasi davanti al Pentagono, scattò la celebre foto che divenne uno dei più importanti manifesti del pacifismo internazionale: "Jeune fille à la fleur", l'immagine di una ragazza che offre un fiore ai soldati con i fucili spianati.

L'anno successivo si recò direttamente in Vietnam (1968-1976) dove rimase per ben nove anni, a documentare l'orrore della guerra. Rientrato in patria, nel 1979, uscì dalla

Magnum Photo non condividendone più la filosofia, essendosi reso conto che un reportage non può essere un puro e semplice documentario privo di umanità.

Negli anni successivi Marc Roboud vinse diversi premi tra cui due volte l'Overseas Press Club Award ed il Lifetime Achievement Award, divennne membro onorario della Royal Photographic Society ed espose a Parigi, New York, Ginevra, Singapore e Zurigo.

Al momento risiede stabilmente in Francia, continuando a scattare e soprattutto esporre.

Margaret Bourke-White

Margaret Bourke-White è stata una fotografa e una donna straordinaria che ha documentato con il suo obiettivo gli avvenimenti più significativi del Ventesimo secolo: prima donna corrispondente di guerra, nel corso di cinquant'anni ha realizzato per la rivista Life reportage unici dall'Unione Sovietica di Stalin, dal fronte della Seconda Guerra Mondiale, dall'India di Gandhi, dalla guerra di Corea e dalle miniere del Sudafrica.

Nasce in una famiglia borghese nel Bronx, il 14 giugno 1904. Scopre la fotografia durante il college ed inizia la sua carriera a poco più di vent'anni nel 1927, specializzandosi nella fotografia industriale e manifestando, sin dall'inizio una personalità coraggiosa ed indipendente che le consente di spingersi nelle zone più pericolose degli stabilimenti, arrampicandosi su ponteggi instabili senza temere le alte temperature degli altiforni, alla ricerca della miglior inquadratura possibile.

E' la prima fotografa a dare un'interpretazione artistica della fotografia industriale dalla quale è particolarmente attratta. Del resto, in quegli anni a cavallo della Grande Depressione, lo spirito dell'intera nazione è pervaso dalla speranza nell'industrializzazione vista come via d'uscita verso il progresso e il benessere. Lei stessa dichiara in un'intervista che "ponti, navi e officine hanno una bellezza inconscia e riflettono lo spirito del momento".

Lo spirito pionieristico accompagna Margaret Bourke-White durante i reportage unici che realizza nei primi anni Trenta per la rivista americana Fortune nelle industrie tedesche e poi in quelle sovietiche: è il primo fotografo occidentale autorizzato a scattare foto in URSS.

Tra i progetti più importanti e noti dei primi anni, va ricordato il viaggio nelle campagne americane devastate da siccità e miseria intrapreso durante la Grande Depressione con lo scrittore Erskin Caldwell (suo secondo marito, dal quale si separa dopo pochi anni), da cui ha origine il volume "You have seen their faces", libro fotografico di grande successo, ma contestato da molti che accusano gli autori di aver mitigato una realtà ben più drammatica di come è rappresentata.

Nel 1935 inizia a collaborare con la nuova rivista americana Life che le dedica la prima copertina e negli anni seguenti manda Margaret come inviata in Europa per documentare l'avanzata del nazismo e l'imminente inizio della guerra.

Realizza per Life servizi fotografici eccezionali dall'Unione Sovietica, tra i quali il bombardamento aereo dei tedeschi su Mosca nel 1941 (fotografato dalla stessa Margaret dal tetto dell'ambasciata americana) ed il primo ritratto non ufficiale di Stalin.

Torna negli Stati Uniti solo per il tempo necessario per convincere la direzione della sua rivista e l'esercito americano ad inviarla come reporter di guerra accreditata sul fronte della Seconda Guerra Mondiale.

Prima donna della storia fotoreporter di guerra, unica donna tra soldati ed aviatori, Margaret Bourke White non esita a partecipare ad operazioni di pattugliamento dei cieli ed accetta di dormire in trincea per fotografare campi di battaglia, ospedali, bombardamenti aerei e, soprattutto, documenta il drammatico arrivo degli americani guidati dal generale Patton nel campo di concentramento nazista di Buchenwald nel 1945, momento relativamente al quale scrive "Fu quasi un sollievo poter usare la macchina fotografica: interponeva una sottile barriera tra me e l'orrore che avevo davanti agli occhi"

Dopo la guerra è inviata, sempre per Life, a documentare per immagini la nascita della nuova India e la divisione dal Pakistan: Margaret Bourke White è l'ultima persona ad intervistare Gandhi e a fotografarlo in una delle sue immagini più famose.

All'inizio degli anni Cinquanta è considerata ormai fotografa di fama mondiale. Negli Stati Uniti si dedica alla fotografia aerea, sua passione da sempre, e per i suoi ultimi servizi da fotoreporter viene inviata in Corea alla fine della guerra e poi in Sudafrica, dove scende nelle miniere d'oro per fotografare le terribili condizioni di lavoro dei minatori di Johannesburg.

In questi anni inizia a soffrire di paralisi agli arti e maneggia con crescente difficoltà la macchina fotografica a causa di quella che Margaret chiama "la mia misteriosa malattia" e che viene diagnosticata come morbo di Parkinson nel 1953. Nonostante il suo approccio coraggioso ed ottimistico alla malattia, nel 1957 firma il suo ultimo reportage per Life ed è costretta ad abbandonare la macchina fotografica.

Negli ultimi anni si dedica alla scrittura e nel 1963 pubblica l'autobiografia "Il mio ritratto" che si rivela un bestseller. Muore a seguito di una caduta accidentale nel 1971, a 67 anni.

Martin Parr

Martin Parr è un fotografo inglese molto noto per aver mostrato al mondo il lato kitsch della classe media inglese, specialmente in vacanza. Parr è diventato, con i suoi scatti, l'emblema della fotografia contemporanea che immortala i vizi e le virtù della società moderna.

Irriverente, umoristico, mai sciatto né irrispettoso, Parr ritrae da trent'anni le contraddizioni della società brittannica, da lui molto amata, della quale però non condivide il pensiero bigotto in contrasto con l'atteggiamento consumista, degradante ed uniformato.

Martin Parr, nelle sue opere, non vuole ridicolizzare o cambiare la società ma solo mostrarne il lato realistico e forse un attimo deprimente. Per farlo si avvale dell'uso del colore: un mezzo fondamentale per accentuare l'umorismo di fondo delle sue fotografie. Parr, nelle sue immagini, ritrae le persone in pose o momenti molto naturali ma in location particolari, come ad esempio le vacanze al mare o i pellegrinaggi. Il perché di tale scelta è da ricercarsi nel fatto che Parr vuole mostrare per l'appunto la semplice quotidianità, nelle sue sfumature più assurde e mettere a nudo il fatto che la società moderna sia sempre più vuota e banale.

Il consumismo, la cultura pop, la cultura dell'usa e getta sono per Parr le spie d'allarme di una società che perde sempre di più il senso della morale e del buon gusto. Il talento di questo fotografo è insito nel mostrare tutto questo senza moralismo, né tristezza né alcun tipo di giudizio.

Martin Parr nacque a Epsom, a sud di Londra, nel 1952. Si appassionò alla fotografia sin da giovane, grazie al nonno George, fotografo, che lo guidò nella scoperta di quest'arte.

Dal 1970 al 1973, il giovane Parr studiò fotografia al Politecnico di Manchester dove ebbe modo di conoscere le opere di William Eggleston, Stephen Shore e Joel Meyerowitz, tre autori che furno ben più di una semplice fonte d'ispirazione per il fotografo, così come lo furono anche la sua collezione di cartoline degli anni cinquanta e sessanta.

Verso la metà degli anni settanta Martin Parr insegnò fotografia a Manchester, all'Oldham College of Art, a Dublino e a Newport.

All'inizio degli anni 80 Parr decise d'incentrare il suo interesse fotografico sullo stile di vita dell'inglese medio. Un po' ingenuamente, però, non tenne conto delle ripercussioni sociali del suo lavoro e le sue foto scatenarono una serie di dubbi e dibattiti, anche molto feroci. Con il suo humour delicato e la semplicità dei suoi scatti, Parr ha voluto sempre far sorridere l'osservatore dei propri scatti, ma anche farlo riflettere. Obiettivo che Parr centrò in pieno, diventando suo malgrado il protagonista di un'involontaria denuncia del degrado moderno. Inizialmente optò per il bianco e nero ma nel 1984 scoprì come il colore fosse in grado di aggiungere un tocco d'effetto alle sue opere. La prima raccolta di immagini a colori, realizzata presso un luogo di villeggiatura (New Brighton) venne esposta nel 1986 per la prima volta alla Serpentine Gallery di Londra, con il titolo di "The Last Resort".

Il più grande dibattito circa le capacità di Martin Parr, avvenne però alla Magnum Photos, nel 1994, quando i membri discussero dell'ingresso di Parr nell'agenzia. Nonostante le accese discussioni, Parr ricevette una notevole quantità di voti che sancirono il suo ingresso alla Magnum.

L'anno successivo Martin Parr realizzò un altro lavoro fotografico dal titolo "Common Sense", nel quale ritrasse oggetti della cultura del consumismo. Un lavoro destinato ad entrare nel Guiness dei primati vista la grande fama che riscosse (venne esposto contemporaneamente in 40 sedi di 17 diversi Paesi).

Negli anni 90, Parr iniziò ad interessarsi al mondo del cinema: scattò foto del film "Segni dei Tempi" in collaborazione con Nick Barker e dal 1997 iniziò a produrre documentari televisivi con Mosaico Film. Il suo obiettivo fotografico, intanto, si spostò dall'Inghilterra al resto dell'Europa, immortalando la cultura consumista di Parigi, per poi giungere fino in Giappone.

A partire dal 2004 non mancaronoriconoscimenti, esposizioni e premi. Venne nominato professore di fotografia presso l'Università del Galles; ricevette il premio Erich Salomon ed il premio PhotoEspaña Baume et Mercier; esposea Parigi, a Londra, a Bradfort, a Copenaghen, ad Amburgo e in parecchie altre città del pianeta.

In totale Martin Parr ha pubblicato cinquanta libri fotografici. Una delle opere recenti l'ha realizzata in Cambogia, nel sito archeologico di Angkor Vat per Reporter senza frontiere, una società che si batte per la libertà di stampa nel mondo, che aiuta i giornalisti perseguitati e che raccoglie fondi dalla vendita di album fotografici di artisti famosi come Henri Cartier-Bresson, Helmut Newton e per l'appunto Martin Parr stesso.

Attualmente Martin Parr rimane uno dei fotoreporter più famosi della fotografia contemporanea, sia in ambito documentaristico che nell'ambito della pubblicità e della moda e vive, continuando a fotografare, in Inghilterra. Moltissimi dei suoi lavori possono essere ammirati sul sito di Magnum Photo.

Martine Franck

Martine Franck fu una documentarista fotografica molto stimata, nonché seconda moglie di Henri Cartier – Bresson. Fu un membro della Magnum Photos per oltre 32 anni nonché cofondatrice e presidente della Fondazione Henri Cartier- Bresson, fondata nel 2003.

Nata ad Anversa (Belgio), nel 1938, Franck studiò storia dell'arte presso l'Università di Madrid e presso l'Ecole du Louvre di Parigi. Nel 1963, iniziò la sua carriera fotografica al Time-Life a Parigi quale assistente dei fotografi Eliot Elisofan e Gjon Mili.

Anche se un po' impacciata nel rapporto con la sua macchina fotografica, Martine Frank rapidamente trovò le giuste misure, specializzandosi sulle fotografie nel raffinato mondo del teatro e della moda parigina. Una sua amica, la direttrice di scena Ariane Mnouchkine, contribuì in maniera sostanziale alla nomina di Franck quale fotografo ufficiale del Théâtre du Soleil nel 1964, una posizione che ha tenuto per i successivi 48 anni.

Nel mentre la sua carriera progredì, Martine Franck toccò differenti generi di fotografia, passando dal reportage documentario in Nepal e Tibet fino ai ritratti delicati e suggestivi degli artisti Parigini. Il suo portfolio fotografico comprende parecchi personaggi dell'élite culturale del suo periodo tra i quali i fotografi Bill Brandt e Sarah Moon, l'artista Diego Giacometti, Miquel Barcelo, Marc Chagall, Leonor Fini, Zao Wou Ki, Fernando Botero ed il filosofo Michel Foucault. Non mancano, nella sua lunga carriera, collaborazioni con riviste famose quali Vogue, Life e Sports Illustraded.

Nel 1983 divenne membro a pieno titolo di Magnum Photos, una delle pochissime donne a farne parte. Nello stesso anno collaborò con l'ex Ministero per i Diritti delle Donne Francesi e due anni dopo divenne una portavoce della International Federation of Little Brothers of the Poor, un'associazione no profit che si prende cura dei gente bisognosa.

Nel 1993 effettuò il suo primo reportage lontano dai confini della sua terra, visitando l'isola irlandese di Tory dove documentò la vita di una piccolissima comunità gaelica lì stabilitasi. Successivamente, come accennato, fece viaggi in Tibet ed in Nepal dove, grazie all'aiuto di Marilyn Silverstone potè documentare, unica nel suo genere, il sistema educativo dei monaci tibetani tulku tibetani.

Nel 2003 e nel 2004 tornò a Parigi in due occasioni, ovvero per documentare il lavoro del regista teatrale Robert Wilson.

Martine Franck, durante la sua carriera, pubblicò un totale di nove libri tra cui Des Femmes et la Création ed un piccolo libro di ritratti di suo marito, un personaggio schivo e sfuggente. Nel 2005 fu nominata Cavaliere della Legione d'Onore francese.

Per quanto riguarda la vita priva di Martine Franck, nel 1965 incontrò il fotografo Henri Cartier-Bresson dal quale fu particolarmente colpita, tanto da diventarne, nel 1970, la sua seconda moglie.

Nel 1976, Franck produsse una delle sue fotografie più importanti, forse la sua sola immagine perfetta, quella in cui ritrae dei bagnanti a bordo piscina a Le Brusc, in Provenza. Franck spiegò di aver visto la scena da lontano e corse a fotografarla mentre sostituiva la pellicola nell'apparecchio fotografico, con la certezza che, se avesse ritardato anche di solo un minuto, avrebbe del tutto perduto la foto immaginata.

Franck continuò a lavorare anche dopo la diagnosi di un tumore osseo, nel 2010, e partecipò a parecchie mostre come quella tenutasi alla Maison Européenne de la Photographie (dove furono esposti 62 ritratti di artisti fotografati tra il 1965 ed il 2010), aòòa Howard Greenberg Gallery di New York ed alla Galleria Claude Bernard a Parigi.

Nel corso della sua carriera Franck, a volte descritta come una femminista, fu spesso a disagio a causa della presenza ingombrante del marito. Tanto per fare un esempio, nel 1970, l'Institute of Contemporary Arts di Londra mise in programma la prima mostra personale di Franck. Quando la fotografa si rese conto che nella lista degli invitati era presente anche il marito, annullò la mostra stessa.

Martine Frank morì a Parigi nel 2012, a causa della leucemia diagnosticatale due anni prima.

Michael P. Smith

Michael P. Smith (1937-2008) è nato a nel 1937 a New Orleans, USA ed è stato un pluripremiato fotografo freelance professionista che ha trascorso tutta la vita catturando la musica, la cultura e la vita popolare di New Orleans e della Louisiana. Michael P. Smith era ben conosciuto per l'enorme quantità di immagini catturate durante le parate, i funerali jazz e i Mardi Gras di New Orleans nonché le cerimonie spirituali della Chiesa, i rinomati locali jazz, blues e gospel (ed il loro interpreti) dello stesso stato. Il fotografo è stato particolarmente attivo durante la sua intera carriera ed il lavoro di Smith è stato presentato presso svariati musei americani come il Museo di Storia Americana (Smithsonian Institution), il Centro Internazionale di Fotografia di New York, il LeRoy Neiman Gallery della Columbia University, senza parlare di un lunghissimo elenco di gallerie e festival jazz sia in America che in Europa. Una grande retrospettiva del suo lavoro è stata presentata nel 1999 presso il Contemporary Arts Center di New Orleans.

Fotografie di Smith sono presenti nelle collezioni permanenti della Bibliothèque Nationale di Parigi, del Metropolitan Museum of Art, dello Smithsonian Institution e, a livello locale, alla Historic New Orleans Collection, al Orleans Museum of Art, al Museo Ogden of Southern Art e alla Louisiana Museo di Stato.

Michael Proctor Smith è cresciuto nel sobborgo di Metairie, figlio di Charles Horton Smith II e Margaret Hatchett. Dopo la laurea presso Metairie Park Country Day School, Smith ha frequentato la Tulane University. La carriera fotografica di Smith iniziò nel 1966, quando è stato affascinato dalla cultura afro-americana della sua nativa New Orleans.

La prima raccolta di fotografie di Smith, chiamata A Joyful Noise: A Celebration of New Orleans Music, è stata pubblicata nel 1991. Nei successivi sette anni, ha pubblicato anche New Orleans Jazz Fest, a Pictorial History, and Spirit World: Pattern in the Expressive Folk Culture of African-American New Orleans e Mardi Gras Indians; and Jazz Fest Memories.

Professionalmente, Smith ha lavorato come fotografo freelance per la prestigiosa agenzia fotografica Black Star per più di venti anni. Ha co-fondato il New Orleans Music Club Tipitina 's nel 1977. Nel corso del 1980, Smith si è recto a Cuba dove ha fotografato molti degli stessi argomenti tipici della sua New Orleans: la vita di quartiere, la musica di strada e le pratiche religiose.

Oltre alle mostre di cui accennato prima, Michael Proctor Smith ha ricevuto parecchi premi durante la sua carriera come Il Louisiana Endowment for the Humanities nel 2002, Nel 2008, poco prima della sua morte avvenuta il 26 Settembre, il Historic New Orleans Collection ha acquistato gran parte del suo lavoro ora in mostra nella collezione permanente che porta il suo nome. Recentemente, il New Orleans Foto Alliance ha creato il Fondo di Michael P. Smith per la fotografia Documentaria in onore del lavoro di Smith.

Oltre ai lavori documentaristici, Michael P. Smith ha realizzato fotografie per le copertine di molti CD e dischi, per numerosi libri e articoli di riviste pubblicate in America e in Europa.

Mimmo Jodice

Domenico, o meglio "Mimmo Jodice ", è uno dei più grandi fotografi del nostro tempo che hanno reso celebre la storia della fotografia del nostro paese. La fotografia per Mimmo Jodice è intesa come una ricerca continua di ciò che è innovativo e contemporaneo, in grado di suscitare sensazioni profonde nell'animo dell'uomo. Nei suoi innumerevoli scatti si evince la ricerca di immagini in grado di trasmettere un profondo conflitto interiore, composto da inquietudine e sofferenza, lasciando lontano il ricordo della quiete e della bellezza come un segno tangibile nel pensiero di colui che ha modo di osservare le sue immagini.

Mimmo Jodice nacque a Napoli (dove tutt'ora vive) il 29 marzo del 1934 e vanta ormai oltre cinquant'anni di una brillante carriera con le sue principali opere in mostra presso il Palazzo delle Esposizioni a Roma.

Jodice, rimasto orfano di padre dopo aver conseguito la licenza elementare, iniziò subito a lavorare completando successivamente il suo percorso di studi come privatista.

Fin dall'età della sua giovinezza iniziò a concentrare le sue attenzioni verso mondo teatrale, verso le arti, la musica sia classica che jazz fino ad arrivare al disegno e alla pittura. Fra tutti questi interessi, l'artista iniziò a muovere anche i suoi primi passi nel campo della fotografia e proprio nei suoi primi reportage a carattere prettamente sociale cominciò a delinearsi la passione vera per quest'arte, tanto da portarlo ad intraprendere, in modo professionale, il mestiere di fotografo: l'amore verso il teatro e tutte le varie esperienze ovviamente influirono positivamente sulla carriera dell'artista tanto da permettergli di raggiungere la notorietà sia a livello nazionale che internazionale grazie alla capacità di rappresentare il nostro paese, regalando allo spettatore non solo immagini ma reali sentimenti.

Nel 1962 sposò Angela Salomone dalla quale ebbe tre figli. Nel 1967 Mimmo Jodice decise di dedicarsi completamente alla fotografia abbandonando ogni altro tipo di attività, soprattutto grazie al sostegno dell'amico fotografo Giovanni Thermes. In quegli anni la visione dei suoi scatti era orientata in modo particolare verso la sperimentazione e la creatività, influenzato specialmente dalle nuove correnti artistiche come Cubismo e Surrealismo, allontanando così la classica tecnica tradizionale.

Propedeutica fu anche la frequentazione dell'Accademia di Belle Arti di Napoli, dove ebbe modo di iniziare una serie di sperimentazioni su forme astratte, materia e

123

soprattutto di approfondire gli aspetti linguistico-tecnici della fotografia. Maturò, oltre che per cubismo e surrealismo, una passione per gli oggetti di uso quotidiano nonché ritratto e nudo. La collaborazione con L'Accademia delle Belle Arti di Napoli continuò tant'è che dal 1970 fino al 1994 Mimmo Jodice insegnò fotografia. Il 1967 è anche l'anno della sua prima fotografia pubblicata, sulla rivista (nell'edizione italiana) di Popular Photography.

Le prime mostre significative dell'artista risalgono al periodo tra il 1968 e il 1970 la prima presso il Palazzo Ducale di Urbino e la seconda a Milano intitolata "Dentro Cartelle Ermetiche". La mostra di Urbino segnò anche l'inizio dell'amicizia con il gallerista Lucio Amelio, grazie al quale entrò in contatto con i più grandi esponenti dell'avanguardia del periodo: Jodice entrò in contatto con personaggi del calibro di Mario Merz, Robert Rauschenberg, Andy Warhol, Hermann Nitsch e tanti altri. Gli influssi di queste conoscenze sono facilmente individuabili nel volume Mimmo Jodice.

Anche l'amicizia con lo studioso di tradizioni popolari Roberto de Simone fu molto importante per l'artista tanto da orientarlo verso la documentazione dei riti religiosi della sua città natale e di tutto il Sud d'Italia. I lavori relativi a questo periodo di vita furono pubblicati nel 1974, nel volume Chi è devoto.

Intorno agli anni 1977 e 1978 l'artista affrontò nelle sue indagini fotografiche il tema legato ai problemi della realtà sociale della sua terra natia come la droga, l'emarginazione, la sanità, la scuola, la ritualità religiosa fino alla devozione dei morti. Successivamente Mimmo Jodice continuò l'evoluzione della sua fotografia nel tentativo di dargli un taglio più linguistico: il risultato fu una mostra, nel 1978 presso lo Studio Trisorio di Napoli, in cui espose fotografie di fotografie di fotografi famosi come Brandt, Evans, Avedon, Kertész. Nello stesso anno gli fu anche dedicato un intero numero di Progresso Fotografico.

Il 1980 sancì la fine del periodo sociale, con la sua fotografia che volse verso una nuova indagine della realtà. Una realtà priva di figure umane ma caratterizzata da spazi urbani vuoti, inquietudine, presenze metafisiche e memorie.

Entrò in contatto con il mondo dell'architettura e in particolare dell'archeologia, altro motivo molto presente nei suoi successivi scatti. Nel 1982 diede alla luce due importanti volumi (Teatralità quotidiana a Napoli, Naples une archéologie future).

Gli anni seguenti furono (e tutt'ora sono) molto proficui in termini di opere pubblicate tra cui Napoli (1981), Sette fotografi per una nuova immagine (1981), Viaggio in Italia (1984), Un secolo di furore (1985), Esplorazioni sulla via Emilia (1986). Nel 1990 vide la luce La città Invisibile, una serie di immagini panoramiche di Napoli, e nel 1993 fu pubblicata i doppia lingua (italiano e francese) la monografia Tempo interiore. Altro volume importante nella bibliografia dell'artista è Mediterraneo (che vide la luce nel 1995). Mediterraneo è anche il punto di arrivo della fase attuale della sua fotografia, imperniata, come detto, sulla memoria ma anche sulla ricerca del passato nel presente. A partire dal 1995, Mimmo Jodice virò verso criteri differenti per la sua fotografia, ovvero verso la fotografia anti-documentaristica. Di questo filone ricordiamo Fotografia e trasformazione nella città contemporanea (1997) e in Paris City of Light (1998).

Particolari sono inoltre i suoi lavori Eden (1998) che estremizza i concetti di Mediterraneo: Jodice, nelle sue immagini, si sposta agli oggetti della quotidianità abbandonando paesaggi e città. Anche Isolario mediterraneo del 2000 rompe le tradizioni, focalizzando l'attenzione su paesaggi di mare, espressione di un viaggio astratto, senza tempo, senza luogo.

Innumerevoli le mostre ed i premi vinti. Tra le mostre più importanti ricordo: Memorial Federal Hall, New York (1985), Musée Réattu di Arles (1988), Philadelphia Museum of Art (1995), Kunstmuseum Dusseldorf (1996), Maison Européenne de la Photographie de Paris (1998), Palazzo Ducale di Mantova (1998), Museo di Capodimonte di Napoli (1998), The Cleveland Museum of Art (1999), Galleria Nazionale di Arte Moderna di Roma (2000), Castello di Rivoli di Torino (2000), Galleria d'Arte Moderna di Torino (2000), MassArt di Boston (2001), Wakayama – Museum of Modern Art in Giappone (2004), The Museum of Photography di Mosca(2004), MASP – Museu de Arte de Sao Paulo (2004), MART – Museo di Arte Moderna e Contemporanea di Trento e Rovereto (2004), Galleria d'Arte Moderna di Bologna (2006) Spazio Forma – Centro Internazionale di Fotografia di Milano (2007) Museo di Capodimonte di Napoli (2008), Palazzo delle Esposizioni di Roma (2009), Maison Européenne de la Photographie di Parigi (2009) Museo del Louvre di Parigi (2011).

Tra i premi più importanti sono da ricordare il premio 'Antonio Feltrinelli' del 2003 (per la prima volta assegnato alla Fotografia) a cura dell'Accademia dei Lincei, la laurea Honoris Causa in Architettura conferitagli nel 2006 dall'Università di Napoli Federico II e l'ingressio "d'ufficio" nell'enciclopedia Treccani del 2003.

Attualmente Jodice rappresenta un punto di riferimento per le nuove generazioni, tanto da riconoscere in questo grande artista l'originalità e la sensibilità mostrata nelle varie rappresentazioni fotografiche italiane.

Minor White

Minor White è un fotografo americano che con il suo stile semplice, creativo e comunicativo ha influenzato buona psarte della fotografia concettuale del ventesimo secolo. La rivoluzione introdotta da White con la sua fotografia è incentrata sulla fusione della tradizione dei paesaggi californiani con la fotografia concettuale che ruota attorno alle metafore.

White condusse fin da giovane una vita dedita all'arte ed alla scienza nonché alla spiritualità. Temi non proprio concilianti: sin da giovane, in White, si evidenziarono quindi i temi del contrasto, della contraddizione, del tormendo e della solitudine che divennero i caratteri distintivi della personalità del fotografo americano.

Lo stile di White è sempre stato alquanto semplice ma vi è altresì stata grande attenzione ai dettagli ed alla tecnica. Questo si spiega con il fatto che la fotografia di Minor è permeata dal simbolismo, per il quale non è tanto fondamentale cosa si ritrae quanto la comunicazione attraverso l'atto del ritrarre questo o quel soggetto. Proprio per questo i soggetti di Minor White sono semplici: case, paesaggi, finestre, crepe nei muri, piante, fiori e persone. Attraverso questi soggetti White vuole comunicare stati d'animo, sentimenti, emozioni per cui non sono assolutamente importanti forme e superfici. Nelle sue immagini, ciò che realmente conta, è la metafora, la crescita personale attraverso l'arte, lo studio della gamma di emozioni, la comunicazione.

Per quanto riguarda la tecnica White adottò la sovrapposizione di due negativi e/o accompagnò le sue opere con un piccolo testo, spesso descivente il soggetto raffigurato (es. "Sequence 17" e "Song without words").

White, dunque, riversa nella sua fotografia la spiritualità, l'espressione, la pace nella semplicità, vuole che le sue opere siano prima di tutto suggestive, che parlino di lui, che siano un tramite fra il mondo interiore ed il mondo esteriore.

Minor White nacque nel 1908 a Minneapolis.Figlio unico, s'interessò precocemente d'arte. A sette anni (era il 1915) il nonno gli regalò la sua prima macchina fotografica ma White sembrò snobbarla a favore della poesia. Nel 1924, alla morte del nonno, ricevette in eredità alcuni apparecchi fotografici nonché un grosso archivio fotografico, cosa che lo riavvicinò, non in maniera completa, alla fotografia. Nove anni dopo, nel 1933, Minor si laureò in botanica nell'Università del Minnesota.

Verso la fine degli anni 30 decise di trasferirsi a Portalnd, in Oregon. Fu qui che la sua passione per la fotografia divampò; Minor iniziò a frequentare l'Oregon Camera Club e nel frattempo lavorò come portiere di notte in un hotel per racimolare di che vivere. I primi soggetti delle sue fotografie furono i semplici paesaggi naturali e gli amici. Qualche tempo dopo iniziò la collaborazione con il Works Progress Administration ed in breve divenne un appassionato insegnante, i cui corsi furono molto noti, ricecati e frequentati.

Nel 1941 ebbe la possibilità di esporre le proprie opere al MOMA, anno in cui si interruppe temporaneamente la passione per la poesia a causa della chiamata sotto le armi. Durante questo periodo White si riavvicinò al suo primo amore, la poesia. Nel 1943 venne pubblicato il suo primo articolo sull'American Photography e la prima sequenza fotografica, un racconto di un viaggio sugli sci dell'YMCA al Mount Saint Helens.

Ritornato dalla guerra, si trasferì a New York (1945) dove compì un biennio di studio di estetica e storia dell'arte alla Columbia University con Meyer Schapiro. Iniziò sotto la guida di quest'ultimo ad elaborare dei testi sul metodo fotografico.

Dal 1946 al 1953 White lavorò come direttore del dipartimento di fotografia della Scuola di Belle Arti della California. Durante questo periodo, il fotografo americano tenne anche l'importante mostra al San Francisco Museum Art e fonda con Ansel Adams la rivista Aperture (di cui fece parte per tutta la vita).

Il 1953 rappresentò per White l'anno della svolta sia nella carriera d'insegnante che di fotografo: si trasferì nella cittadina di Rochester (NY) dove prese servizio quale insegnante presso il Rochester Technology Institute ed ebbe la fortuna di avere, quali studenti, menti brillanti quali Jerry Uelsmann. Nella cittadina di Rochester fondò una nuova rivista, Imagine, alla quale rimase però solo per i successivi quattro anni.

Nel 1957 incontrò Alfred Stieglitz, da cui White apprese l'espressività della sequenza e approfondì la questione dell'immagine come metafora, sviluppando la teoria di The Equivalent ovvero la capacità della trasposizione della sfera psichica nella fotografia.

Negli anni 70 ricevette il prestigioso premio Guggenheim Fellowship, curò diverse mostre ed espose al MIT. Al MIT fu anche insegnante, fino a circa due anni prima della sua scomparsa.

Scomparsa che avvenne all'età di 67 anni, nella città di Cambridsge, a cause di un infarto.

Di Minor White vennero pubblicate nel 1989, postume, le sue foto artistiche di nudi maschili.

Oliviero Toscani

Oliviero Toscani è probabilmente il fotografo italiano contemporaneo più noto nel mondo. Nato nel 1942 a Milano dal primo foto-giornalista italiano (in forza presso Il corriere della Sera), è anche considerato uno dei fotografi pubblicitari più provocatori del XX secolo.

Fotografo di razza, Oliviero Toscani ha ereditato dal padre l'amore per la fotografia. A sei anni ricevette la sua prima Rondine, una fotocamera semplice che gli ha permesso di capire come le fotografie sono realizzate con il cervello, con l'occhio interiore piuttosto che un dispositivo. Oliviero Toscani pubblicò la sua prima foto a quattordici anni quando, accompagnando il padre durante un reportage, ebbe modo di immortalare Rachele Mussolini.

Nel 1962 fu ammesso alla Scuola di Arti Applicate di Zurigo (dove si laureò nel 1965), dove capì che la sensibilizzazione sociale era un tema particolarmente importante ed al contempo forte al quale dedicarsi.

Dopo aver lavorato diversi anni nel mondo delle pubblicazioni rock e pop (dove ha avuto modo di sperimentare in assoluta libertà la rappresentazione della forma), fu notato da alcune riviste di moda che apprezzarono particolarmente il suo lavoro provocatorio, colorato, scanzonato. E nel 1965 cominciò a lavorare per riviste quali Donna, Vogue, Elle Moda e Paris.

Nel 1968, mentre l'Italia (come il resto del mondo) la rivoluzione sociale faceva da padrona, Oliviero Toscano cominciò a muovere i suoi primi passi realmente importanti nel mondo della fotografia. Il fotografo divenne in pochissimo tempo sinonimo di ritratti originali delle tendenze sociali contemporanee e dei movimenti.

In questo periodo ne negli anni successivi è stato un crescendo di collaborazioni, progetti e campagne pubblicitarie. Oliviero Toscani ha infatti firmato campagne per Esprit, Chanel, Robe di Kappa, Fiorucci, Valentino, Prenatal, Jesus, Inter, Snai, Toyota, Ministero del Lavoro, ministero della Salute, Artemide, Woolworth e tanti altri. Senza dimenticare inoltre le collaborazioni con il Ministero dell'Ambiente e della Salute, con la Regione Calabria, con la Fondazione Umberto Veronesi, e le innumerevoli campagne d'impegno sociale dedicate alla sicurezza stradale, all'anoressia, alla violenza contro le donne e contro il randagismo.

La data probabilmente più importante nella carriera di Oliviero Toscani fu il 1983 quando fu chiamato dalla famiglia Benetton per la creazione dell'immagine dell'omonima azienda. Per oltre 17 anni (fino al 2000) ha praticamente contribuito in maniera fondamentale a trasformare la ditta italiana in uno dei nomi e dei marchi più famosi al mondo, con le sue pubblicità, spesso inquietanti e controversi, esposte in ogni angolo del globo.

Il ritratto del lato posteriore del top model Donna Jordan in un paio di Jeans Jesus hot pants, accompagnata dalla frase biblica "Chi mi ama mi segua", fu una delle primissime campagne dissacranti firmate dal fotografo, oltre ad essere il vero punto di rottura dalla classica fotografia pubblicitaria.

A partire dagli inizi degli anni 90, le immagini e le pubblicità firmate da Toscani cambiarono genere, divenendo ancora più controverse e discusse. Nelle campagne pubblicitarie fecero la comparsa temi fino al momento tabù per il mondo patinato della pubblicità, come l'antirazzismo o l'anti-stereotipi: scelta che ha suscitato non poche reazioni e dibattiti sia a livello politico che morale ma che alla fine hanno permesso a lui come al brand di riferimento fama e notorietà. La particolarità delle immagini era tale da creare, nel pubblico, una specie di attesa per vedere cosa Toscani fosse stato capace di presentare, al pari dell'attesa che può generare il sequel di un libro o di un film.

Alla fine degli anni novanta, in parallelo alla sua attività pubblicitaria, Oliviero Toscani ideò e diresse Colors (di proprietà della famiglia Benetton, rivista che fondò insieme a Tibor Kalman), il primo giornale globale al mondo. Nel 1993 fu la volta di un'altra sua invenzione, Fabrica (sempre sotto la supervisione della famiglia Benetton), un vero e proprio centro di ricerca per la creatività nella comunicazione moderna.

Nel 2000 pubblicò probabilmente la sua campagna più controversa con Benetton: una campagna pubblicitaria incentrata sulla pena di morte, con una serie di fotografie di persone ospitate nel braccio della morte. Una campagna, come detto, molto controversa ma che al contempo ebbe un successo planetario. Questa campagna segnò comunque non solo il successo di Oliviero Toscani ma anche la fine della sua collaborazione con la famiglia Benetton.

A partire dal 2000, Toscani si dedicò quindi ad altri progetti, senza mai comunque variare il suo stile, sempre dissacrante, anticonformista e soprattutto fortemente di sfida. Ricordiamo ad esempio la campagna pubblicitaria "Non Uccidere" (2004) per la Polizia di Stato, nonché la campagna di promozione turistica (2003) per la regione Calabria.

Un'altra campagna di fortissimo impatto fu firmata dal Oliviero Toscani nel 2007: la campagna choc contro l'anoressia nervosa. Il soggetto di Toscani fu la modella Isabelle Caro, fortemente colpita dalla malattia (di cui ne morì praticamente 3 anni dopo), il cui corpo nudo (devastato dalla malattia) fu pubblicato su delle gigantografie installate in giro per le città.

In parallelo (1999-2000) Oliviero Toscani coprì la carica di direttore creativo di un mensile di New YorK (Talk Miramax) fondò un centro di ricerca sulla comunicazione moderna dal nome La Sterpaia (2003), fu tra i fondatori dell'accademia di Architettura di Mendrisio ed ha insegnato Comunicazione Visiva presso l'università di Mendrisio stessa (più svariate collaborazioni con altri atenei italiani e non).

Toscani, nel 2007, fece partire uno dei suoi progetti più grandi, ovvero Razza umana: un insieme di immagini raffiguranti tutte le razze, espressioni, stati sociali, culturali, provenienti da tutto il mondo. In parallelo, lo stesso fotografo si impegnò sulla realizzazione di Nuovo Paesaggio Italiano: una raccolta di immagini di denuncia circa il degrado dell'Italia. Nuovo Paesaggio Italiano è stato esposto alla Viennale di Venezia, alla Triennale di Milano, a San Paolo in Brasile nonché in tantissimi musei d'arte moderna in giro per il mondo.

Oliviero Toscani ha collezionato tantissimi premi tra i quali possiamo ricordare ben quattro Leoni d'Oro, Gran premio dell'UNESCO, due Gran Premio d'Affichage.

Inoltre Toscani è membro onorario del Comitato Leonardo, è Accademico d'Onore dell'Accademia di Belle Arti di Firenze, è socio onorario della European Academy of Sciences and Arts.

Paul Strand

Paul Strand è considerato il padre della fotografia artistica, ovvero colui che ha permesso l'evoluzione espressiva dell'arte fotografica del novecento. L'artista americano, molto dedito alla vita sociale e politica, è stata una figura acuta, colta e diretta, dotata di un grandissimo senso di analisi, uno sperimentatore capace d'interiorizzare tutto ciò che osservava.

Il suo fine creativo è stato quello di carpire e mostrare il lato autentico e genuino della realtà, senza manipolazioni e senza fronzoli. Nelle sue foto, infatti, emergono principalmente l'obiettività e la fedeltà al reale.

La carriera di Paul Strand iniziò seguendo il movimento pittorico in voga in quegli anni. Movimento dal quale, però, prese improvvisamente e bruscamente le distanze anche se non rinunciò ad alcune connotazioni, facilmente osservabili nelle sue fotografie, tipiche del pittoricismo, quali il modo di catturare i paesaggi, l'immobilità, le sfumature poetiche.

E dal movimento pittorico prese spunto anche per i suoi soggetti, prediligendo i paesaggi, senza disdegnare però l'architettura, l'astrattismo e l'umanità in generale.

La tecnica di Stand è una tecnica semplice, pulita, posata, a limite del ripetitivo: i soggetti sono ripresi frontalmente ed occupano l'intera visuale, oltre ad essere mostrati per quello che sono, in quel preciso luogo ed in quel preciso momento senza necessariamente un contesto. Un esempio è "Blind" (1916): la donna cieca, che reca su di sé un cartello che la identifica come tale. E' un'immagine diretta, reale ma non dura né cinica, in cui Strand non cerca di raccontare la storia o il disagio di questa persona, ma piuttosto intende mostrare la condizione dei portatori di handicap in quell'epoca a New York. Questo è uno dei fini della fotografia di Strand: documentare il mondo, la società e la cultura, come quando collabora con Zavattini al fotolibro "Un paese" che documenta la situazione dell'Italia rurale nel dopoguerra.

Grazie a questo reportage della realtà, Paul divenne uno dei principali esponenti della Straight Photography ovvero la fotografia diretta e precursore della street photography. Paul Strand diede in pratica vita ad una nuova corrente della fotografia moderna in cui si abbandonano i sentimentalismi, gli abbellimenti e ci si concentra sull'essenziale.

Paul Strand nacque nel 1890 a New York. Da giovane, nel 1904, ebbe il suo primo approccio con la fotografia grazie ad una macchina fotografica regalatagli dai genitori. Frequentò la Ethical Cultural High School dove studiò letteratura, salvo poi decidere una strada diversa, ovvero studiare l'arte. Proprio l'amore per l'arte lo portò, al termine degli studi, ad affrontare un lungo viaggio in Europa dove frequentò le gallerie fotografiche (1911) e ebbe modo di entrare in contatto con Stieglitz. In questo periodo Strand iniziò a lavorare come fotografo professionista (sottopagato) e pubblicò il suo primo portfolio con Camera Work., Successivamente espose nella Galleria 291 di Stieglitz (i suoi soggetti principali in questa fase furono paesaggi) e nel 1918 entrònell'esercito per lavorare come tecnico dei raggi X.

Negli anni 20 girò per Manhattan, lavorando nel mondo del cinema, in qualità di cameraman. Nello stesso periodo sposò Rebecca Salinsbury.

Agli inizi degli anni 30 passò all'insegnamento della sua passione, la fotografia. Viaggiò a lungo in Messico e si dedicò alla preparazione e partecipazione di differenti mostre in America. Nel 1932 fondò la Frontier Film di cui ne fece parte fino agli inizi degli 40. Nel 1935 girò Heart of Spain per poi partire alla volta della Russia dove conobbe molti registi e artisti locali.

Nel 1942, come accennato, lasciò la Frontier Film; espose al MOMA e si sposò in seconde nozze con Virginia Stevens. L'abbandono della Frontier Film coincise anche con il ritorno dell'artista al suo primo amore: la fotografia.

Nel 1951 Paul Strand decise di lasciare l'America per la Francia dove si stabilì in via definitiva. Qui si dedicò ad alcune opere come "La Francia di profilo". Nel 1952 si recò in Italia, a Perugia per un convegno, dove conobbe Zacattini con il quale realizzò il fotolibro "Un paese". Sempre in questo periodo, Strand si sposò per la terza volta, con Hazel Kingsbury. Per gran parte degli anni 50 si dedicò ai viaggi, ai reportage culturali come "Living Egupt" ed "Outer Hebrides".

Nel 1967 vinse il premio David Octavius Hill e qualche anno dopo tornò in America per preparare alcune mostre al MOMA. Tornato in Francia, nella sua casa ad Orvead, realizzò il suo ultimo lavoro "The Garden", prima di morire nel 1976.

Pedro Luis Raota

Pedro Luis Raota è senza dubbio uno dei grandi maestri della fotografia del novecento. Il suo stile semplice, immediato e comunicativo ha rapito gli sguardi del pubblico di tutto il mondo. Amante dei viaggi, del bello e dell'arte, Raota viene ricordato come colui che meglio di tanti altri fotografi riuscì a rendere l'attimo irripetibile di Bresson, quell'istante in cui soggetto e macchina fotografica sono inevitabilmente attratti ed il momento è perfetto, e per l'appunto irripetibile, per esser immortalato e destinato a resistere allo scorrere del tempo.

La fotografia di Raota è stata definita "caravaggiesca" per questo uso naturale del chiaro-scuro e della luce che è poi una peculiarità dell'arte fotografica di quest'artista. La luce e l'oscurità sono difatti le vere protagoniste: mettono in risalto il soggetto, conferiscono alla foto un'atmosfera teatrale ed allo stesso tempo molto naturale e realistica. Il talento di Raota, sta proprio nel riuscire ad infondere in ogni scatto l'intensità e la profondità delle emozioni: che sia uno sguardo di bambino, una famiglia allegra che scorrazza in bici, una futura mamma con il pancione o un uomo intento nel proprio lavori.

La fotografia di Raota è sempre molto realista, i soggetti sono persone semplici ritratte in momenti emozionanti, felice o significativi della loro vita. Ritroviamo nelle immagini di quest'artista l'infanzia, la senilità, la genuinità delle emozioni, l'allegria, l'innocenza e la spiritualità. Ciò denota l'amore che Riota prova nei confronti della vita ed il suo genio nel ritrarre la profondità dell'animo umano.

Pedro Lui Raota nacque in Argentina, a Chaco, nel 1934, da una famiglia di contadini. Lui stesso svolse lavori agricoli finché non scoprì la fotografia e non si rese conto di esserne irresistibilmente attratto. Si trasferì molto giovane a Santa Fe Per studiare fotografia (dovette vendere la sua bici per acquistare la sua prima macchina fotografica) e dove acquisì le basi di quest'arte.

Successivamente decise di andare a vivere a Villaguay, dove svolse il servizio militare, aiutando nel tempo libero il fotografo dell'esercito. Da quest'ultimo apprese gran parte dei segreti del mestiere ed iniziò la sua carriera di fotografo scattando fototessere proprio a Villaguay.

Nel 1958 tornò nel suo paese natale per prender parte ad una mostra locale, nella quale si aggiudicò il primo riconoscimento della sua carriera. Ritornato a Villaguay, aprì uno studio fotografico in proprio, iniziando a viaggiare per il Paese in compagnia della fedele macchina fotografica e producendo un notevole numero di bellissimi scatti. Durante i suoi viaggi, rimase particolarmente affascinato dalla città di Buenos Aires, dove venne invitato ad esporre le sue opere, riscuotendo un notevole successo.

Si aggiudicò un altro premio nel 1966 in un concorso per un giornale di Madrid e due anni dopo vinse il facoltoso trofeo Condor Argentina della Federazione della Fotografia Argentina in Buenos Aires. Negli anni seguenti viaggiò molto in Europa, partecipando ad un concorso a Lisbona (1970), soggiornando in Austria, in Inghilterra ed in Francia e trovando il tempo anche per una visita in Italia.

Successivamente si spostò verso l'Oriente, partecipando ad una mostra nella Sala Fotografia Internazionale di Hong Kong (1971) dove vinse il primo premio. La fotografia di Reota venne premiata anche a Singapore, ultima tappa prima del suo rientro in Europa. Qui, espose nuovamente a Londra e Parigi (1972). Successivamente, Pedro Luis Raota, intraprese per la prima volta un viaggio in America nel nord, per la precisione negli Stati Uniti. Qui partecipò al Concorso Mondiale di Fotografia di New York (a cui prese parte anche nel 1976).

Raota nel 1974 andò a visitare Mosca, dove vinse il premio PRAVDA-74 e per una decina di settimane viaggiò per tutta l'Unione Sovietica, scoprendo posti incantati e nascosti. Negli anni successivi proseguirono i viaggi nell'Europa dell'est fino a raggiungere il Medio Oriente. La raccolta di foto di questi ultimi anni venne esposta in una grande mostra a Buenos Aires. Molte delle fotografie di Pedro Luis Raota vennero esposte anche al MOMA di New York.

Nel 1977 fu pubblicato il suo primo libro dal titolo "Pedro Luis Raota", una raccolta delle foto più emozionanti della sua carriera. Successivamente la Biblioteca Nazionale di Parigi allestì una mostra permanente di sessanta delle sue opere. Due anni dopo pubblicò un secondo portfolio comprendente gli scatti realizzati in Argentina.

Negli anni ottanta Raota decise d'interessarsi al colore, avendo fino ad allora scattato solo in bianco e nero, e modificò il portfolio dal titolo "Gauchos" inserendo dodici nuovi scatti. Contemporaneamente lavorò a Buenos Aires come direttore dell'Istituto Superiore di Arte Fotografica. Qui si spense nel 1986.

Philippe Halsman

Prima dell'invenzione di Photoshop, c'era Philippe Halsman. A differenza di molti fotografi, il suo stile astratto e fantasioso ha rotto le regole della fotografia del suo tempo, andando contro lo stile soft focus. Nato da una famiglia ebrea nel 1906 a Riga, in Lettonia, ha iniziato a studiare ingegneria nella città di Dresda, in Germania.

All'età di 22 anni fu vittima di uno sfortunato evento che ne ha segnato la vita: durante un'escursione con il padre sulle montagne del Tirolo, il padre trovò la morte. Purtroppo, non essendoci testimoni al fine di avvalorare la tesi dell'incidente e vista le sue origini ebree, il giovane Philippe fu accusato di omicidio e mandato in galera. Rimase in prigione circa due anni e riottenne la libertà grazie all'intercessione di alcuni intellettuali molto potenti tra i quali Thomas Mann, Freud e lo stesso Einstein, tra gli altri).

La sua carriera fotografica cominciò nel 1930 a Parigi, sotto le insegne di Vogue e di altre riviste di moda. Evitò in maniera drastica gli stili "soft focus" in voga in quei tempi, puntando al contrario su immagini ben nitide e colori scuri molto carichi, guadagnandosi in poco tempo la reputazione di essere uno dei migliori fotografi ritrattisti in Francia. Tuttavia, con l'invasione della Francia da parte delle truppe di Hitler, fuggì in America dopo aver ottenuto un visto con l'aiuto del suo amico Albert Einstein.

La grande occasione di Halsman arrivò New York quando incontrò Connie Ford, un modello che accettò di posare per lui in cambio di copie per il suo portfolio. Quando Halsman mostrò le immagini di Ford con sullo sfondo una bandiera americana, l'azienda cosmetica Elizabeth Arden decise di usare quell'immagine per lanciare una campagna pubblicitaria a livello nazionale per il rossetto "Victory Red". Grazie alla fama conquistata con quella fotografia, un anno dopo fu assoldato dalla rivista Life per un servizio fotografico sui nuovi stili di cappelli in voga in quel comento ed uno dei suoi scatti da Life per fotografare i nuovi disegni cappello. Il suo ritratto di un modello con indosso un Lily Daché fu anche una copertina della rivista americana.

Nel 1950 Halsman fotografò un gruppo di comici dal canale televisivo NBC tra cui Bob Hope e Groucho Marx. Ogni comico si esibì mentre Halsman scattava un enorme numero di immagini, a volte anche 300 fotogrammi in una sola sessione. Fotografare i comici in azione ispirò Halsman a produrre le sue famose foto "al salto" dove grandi personaggi da Richard Nixon alla Duchessa di Windsor sono catturati "a mezz'aria" (i soggetti dovevano letteralmente saltare dinanzi alla fotocamera).

Indipendentemente dalle fotografie al salto o meno, Philippe Halsman ebbe la possibilità di ritrarre un enorme numero di grandi personaggi tra i quali, oltre i già citati Nixon e la Duchessa, di Windsor, anche uomini (e donne) dal calibro di Albert Einstein, Salvador Dalì, Marilyn Monroe, Dean Martin e Jerry Lewis, Audrey Hepburn, Marlon Brando, Anjelica Huston, Frank Sinatra, Cary Grant, Zsa Zsa Gabor, Chagall, Churchill, Matisse, Sartre, Bardot, Magnani, Lollobrigida.

La foto più famosa di Philippe Halsman fu scattata nel 1948 insieme al suo carissimo amico Salvador Dalì, la Dali Atomicus. In questo fantastico lavoro, l'artista spagnolo fu fotografato insieme a gatti, sedie, una tela e acqua che galleggiano in aria: un esempio perfetto della fotografia surrealista di Halsman. Questa fotografia è l'esempio perfetto della tecnica fotografica creata da Halsman, moldo semplicemente chiamata jumpology (al salto). L'espressione del viso di Salvador Dalì nello scatto racconta molto della fotografia essendo questa fuori dal comune, sorprendente, unico e irregolare. Durante la realizzazione di questa foto, Halsman aveva assistenti che lanciavano i gatti e l'acqua ogni qual volta Halsman era pronto per un nuovo tentativo.

Nel 1952 ebbe la possibilità di fotografare Marilyn Monroe ed una sua foto al salto fu pubblicata come copertina della rivista Life.

Tantissimi i riconoscimenti ricevuti da Halsman durante la sua carriera fotografica, tra i quali la citazione, nel 1958, del suo nome tra i dieci migliori fotografi del mondo (sondaggio effettuato da Popular Photography), la mostra del 1963 presso lo Smithsonian Institution o la menzione Newhouse, sempre nel 1963, dalla Syracuse University School of Journalism

Il 1962 è una data molto importante nella vita di Halsman in quanto, insieme a fotografi del calibro di Irving Penn, Richard Avedon, Alfred Eisenstaedt entra a far parte (ad essrre precisi ne è uno dei fondatori) della Magum.

La sua carriera fotografica è stata eccezionale e l'ha portato a girare l'Europa ed il Mondo a caccia dei suoi splendidi ritratti. Ritratti esposti, insieme al resto delle sue produzioni, nella mostra organizzata presso il Centro Internazionale di Fotografia di New York del 1979. Ironia della sorte, l'anno della morte dell'artista, il 25 Giugno nella città di New York.

Ray Metzker

Ray Metzker nacque nel 1931 a Milwaukee, in USA e cominciò ad appassionarsi alla fotografia sin dall'età di 13 anni. Dopo aver studiato presso il Beloit College, lavorò brevemente come fotografo freelenace prima di essere arruolato nell'esercito americano ed aver passato due anni in Korea dove insegnò fotografia.

Nel 1956 si trasferì a Chicago, dove vi restò fino al 1959. Qui conseguì il diploma presso L'Istituto di Design di Chicago e produsse il suo primo lavoro di spessore (My Camera and I in the Loop), una serie di immagini del quartiere degli affari di Chicago. Queste immagini evidenziano moltissimi degli aspetti cardine di tutti i futuri lavori di Metzker.

Dopo il diploma, Metzker cominciò a viaggiare attraverso l'Europa per oltre una dozzina di paesi scattando fotografie (nella raccolta Europe) di particolari piuttosto che di panorami: un pedone solitario, un riflesso particolare, giochi di luci e di ombre negli ambienti urbani.

Nel 1962 ritornò in America ed in particolare a Philadelphia dove fu assunto come professore presso il Philadelpia College of Art. Durante i due anni trascorsi nella cittadina, scattò una serie di fotografie (raccolta Philadelphia) nella città vecchia, operando inizialmente con una macchina fotografica 4×5'' per poi passare ad una 35mm. Come per la serie europea, Metzker si concentrò principalmente su tematiche quotidiane piuttosto che su temi più comuni, trasformando i gesti di sconosciuti e zone squallide della cittadina in scene eccellenti.

Il 1964 è l'anno della sperimentazione per Ray Metzker. Ispirato dalle opere di Bauhaus, cominciò ad esplorare l'arte della composizione, mischiando differenti immagini all'interno della stessa fotografia, fino a spingersi all'uso di un intero rullo fotografico all'interno di una stessa scena. Uno dei primi lavori è stato il Double Frame in cui il fotografo sviluppò, in ogni stampa, due scatti presi in sequenza con differenti orientamenti (uno orizzontale ed uno verticale). Metzker incorporò nelle scene anche la linea bianca divisoria (quella del rullo fotografico) nonché la cornice non fotosensibile del rullo stesso (di colore grigio scuro).

Queste immagini composite, il forte contrasto dei colori, le lacune ottiche, le disgiunzioni visive e la cacofonia degli elementi presenti negli scatti divennero, e sono tuttora, la firma del fotografo.

Nello stesso anno diede alla luce il libro Composites mentre nel 1965 videro la luce i lavori Torso I e Torso II, caratterizzati dalla presenza di più immagini tutte identiche all'interno della stessa stampa. Sempre nel 1965 Metzker cominciò a lavorare su un'altra pubblicazione Composites, basata su scatti dei panorami cittadini di Philadelphia. A differenza dei due Torso, questa volta le fotografie componenti la stessa stampa erano differenti ma mantenevano le stesse luci, stessi edifici, stesse persone o, per meglio dire, la stessa trama.

Nel successivo lavoro, Sailing on 9th (1966), Metzker affinò ulteriormente la tecnica introducendo una sorta di ritmo visivo, ripetendo, per quattro volte, un edificio quale punto centrale degli scatti. Il ritmo visivo, la non staticità dello scatto viene ottenuto muovendo verso il lato tutti gli elementi cardine degli scatti. Inoltre, Metzker introdusse dei punti di rottura visivi, degli elementi particolarmente scuri o particolarmente chiari.

Metzker fu inoltre attratto dalla vita da spiaggia dei bagnanti del New Jersey, tanto che nel 1973 produsse un lavoro, Sand Creatures: Cape May, nel quale presentò le fotografie di persone ignare, che dormono o che semplicemente si rilassano sulla spiaggia.

Ray Metzker è stato, per tutti gli anni sessanta, un fotografo cittadino. Nel 1970, Metzker rivolse la sua attenzione ai paesaggi desertici, complice un incarico temporaneo presso l'Università del New Mexico ad Albuquerque. Questa esperienza definì una nuova direzione per il suo lavoro fotografico, che lo accompagnò fino alla fine degli anni novanta.

Sentendo però che i suoi paesaggi erano poco originali, Metzker iniziò nel 1976 a studiare e sperimentare la profondità di campo. Nel suo lavoro Pictus Interruptus (1980) introdusse degli oggetti molto semplici immediatamente vicino alla lente della macchina fotografica in modo da sfocare pesantemente lo sfondo. Le immagini risultanti creano una sorta di tensione tra la rappresentazione fotografica e l'astrazione.

Sulla falsariga di Pictus Interruptus, Metzker continuò in questa sperimentazione nei lavori Feste di Foglie series (1985), Door Suite (1988), Earthly Delights (1987-1988)

Bernheim, (1989) Nature's Realm, (1990-1994), Moab I (1994-1996) e Moab II (1997-1998).

Metzker, in questa lunga serie di fotografie naturalistiche e paesaggistiche, ha saputo ottenere un notevole equilibrio compositivo e tonale lavorando in camera oscura tagliando, eliminando o addirittura bruciando alcune parti dell'immagine stessa (o sviluppando in negativo piuttosto che in positivo). Ecco quindi che in molti lavori si possono osservare alti contrasti, fogliame luminescente e paesaggi che richiamano alla mente i pittori dell'impressionismo.

In parallelo alla fotografia paesaggistica, Metzker curò anche la serie City Wispers (1980-1983) nella quale il fotografò tornò a tecniche fotografiche più semplici e focalizzandosi sulle strade di Philadelphia e Chicago. I motivi principali di questi scatti sono le ombre, la frammentazione, l'isolamento.

Dal 1996 fino ai giorni d'oggi, Metzker si è dedicato (e si dedica) totalmente alla fotografia si strada, nella sua Philadelphia. Gli scatti sono differenti rispetto a quanto fatto in passato, essendo le immagini liriche, giocose, brillanti.

Richard Avedon

Richard Avedon nasce a New York il 15 maggio 1923 in una famiglia ebrea di origine russa.

La sua carriera inizia nel 1942 quando abbandona gli studi e, neppure ventenne, si arruola come fotografo nella Marina Mercantile americana dove gli viene assegnato il compito fotografare le autopsie e dove inizia a scattare ai compagni suoi primi ritratti, utilizzando la Rolleiflex regalatagli dal padre.

Nel 1945 apre il proprio studio e inizia a lavorare per numerose riviste come freelance.

In questo periodo ha l'opportunità di conoscere Alexy Brodovitch, direttore artistico della rivista Harper's Bazaar, che gli consente di unirsi in modo stabile al gruppo di questa rivista e di diventarne il fotografo di punta e successivamente a sua volta direttore artistico nel 1961.

In questi anni elabora uno stile personale e un approccio del tutto originale alla fotografia di moda. Le modelle, sino ad allora generalmente ritratte in posa nello studio fotografico, sono invece fotografate come persone reali più che manichini, in scenari insoliti, come per strada o in locali notturni, e colte mentre ridono o comunque in pose dinamiche ed inconsuete.

A Richard Avedon è infatti attribuito il merito di aver rivoluzionato la fotografia di moda inserendo le modelle in contesti inattesi, come nel celebre scatto "Dovima e gli elefanti" scattata al Cirque d'Hiver di Parigi nel 1955 in cui la modella in abito Dior posa in mezzo a due elefanti irrequieti. Questa fotografia, stampata in grandi dimensioni (224 x 152 centimetri), ha un alto valore simbolico essendo stata esposta all'ingresso dello studio fotografico di Avedon a Manhattan per oltre 25 anni, e recentemente è stata venduta all'asta da Christie's di Parigi per ben 841.000 euro.

Oramai lanciato nel mondo della moda, Avedon collabora con le riviste più prestigiose come Vogue e Life, lavora con gli stilisti più noti (lunghissimo il suo sodalizio con Versace) e si specializza nei ritratti, rigorosamente in bianco e nero.

Durante la sua lunga carriera fotograferà stelle del cinema come Marilyn Monroe, Humphrey Bogart, Brigitte Bardot, Audrey Hepburn, Charlie Chaplin, oltre a scrittori, personaggi storici come Eisenhower e Kissinger, icone della musica come i Beatles, Bob Dylan o Janis Joplin.

I suoi ritratti non sono mai scontati e svelano gli aspetti più nascosti dei soggetti fotografati: basti pensare al famoso ritratto di Marilyn Monroe, colta di sorpresa in un'espressione triste e distratta.

Ma Richard Avedon fotografa anche molte persone comuni. Nel 1974 espone al MOMA di New York alcuni ritratti del padre colpito dal cancro, dall'inizio della malattia alla morte, in una mostra dal fortissimo impatto emotivo.

Nel 1985 realizza quello che probabilmente è il suo progetto più importante, In the American West, un viaggio durato cinque anni nella classe media americana, in cui scatta più di settecento ritratti di gente comune – operai, impiegati, cameriere, detenuti – che poi stampa in dimensioni enormi e che raccoglie consensi ma anche aspre critiche da parte di alcuni colleghi di Avedon che lo accusano di aver strumentalizzato i suoi personaggi a fini puramente commerciali.

I soggetti sono fotografati alla luce diffusa del giorno, con lo sguardo rivolto alla macchina e il fondale bianco, mettendo in evidenza elementi potenzialmente disturbanti come maglie macchiate, facce sporche di carbone, capelli spettinati, i volti scavati dei minatori, in netto contrasto con gli ambienti patinati della moda e delle celebrità fotografate fino ad allora e che costringono lo spettatore a confrontarsi con la realtà e con gli sguardi dei ritratti.

Richard Avedon, pur avendo lavorato per tutta la sua carriera essenzialmente nel mondo della moda, ha voluto mostrare così che il suo lavoro è anche rivolto ad aspetti diversi della realtà, tanto da recarsi a Berlino nel capodanno 1989 in occasione della caduta del Muro per fotografare lo straordinario evento storico e, soprattutto, la reazione delle persone per conto di una rivista francese.

Per due anni, nel 1995 e nel 1997, Pirelli affida a Richard Avedon la realizzazione del celebre calendario.

Gli scatti di Avedon sono esposti nelle più grandi collezioni mondiali, al Moma di New York e al Centre Pompidou di Parigi.

Nel 2004, ottantunenne ancora in piena attività, Avedon viene colpito da ictus cerebrale mentre sta realizzando per conto del New Yorker un servizio fotografico sulle elezioni presidenziali americane. Muore due giorni dopo a San Antonio, Texas.

Robert Capa

Endre Ernő Friedmann, noto ai più come Robert Capa, nacque a Budapest il 22 ottobre 1913.

Sin da giovane si interessò di politica, iscrivendosi anche al Partito Comunista, cosa che lo portò qualche anno più tardi ad abbandonare l'Ungheria a causa del coinvolgimento in alcune proteste contro il governo di estrema destra.

Si trasferì nella vicina Germania, dove trovò impiego in uno studio fotografico a Berlino, nonostante la sua aspirazione fosse quella di fare lo scrittore.

Anche qui resistette poco tempo poiché nel 1933, essendo di origine ebraica, si trovò costretto a scappare dal paese a causa dell'avvento del nazismo.

Si rifugiò quindi in Francia dove incontrò non poche difficoltà nel trovare un lavoro come fotografo freelance.

Nel 1936 partì alla volta della Spagna, dove si occupò di documentare gli orrori della guerra civile che ha dilaniato tutto il paese. Fu proprio la guerra spagnola a renderlo famoso, grazie ad uno scatto realizzato a Cordova, dove immortalò un soldato repubblicano colpito a morte da un colpo esploso dai militari agli ordini di Francisco Franco. In breve tempo la foto venne pubblicata da moltissime riviste, in tutto il mondo.

Tuttavia ben presto si scatenò un dibattito non indifferente sull'autenticità dello scatto, con diverse tesi a proposito: qualcuno sostenne persino che la foto fosse stata scattata dalla compagna di Capa, la fotografa tedesca Gerda Taro scomparsa nel 1937 travolta durante una manovra da un carro armato amico.

Va inoltre sottolineato come, a prescindere dalle polemiche circa lo scatto di cui sopra, la testimonianza di Capa sulla guerra civile spagnola è stata straordinaria. Per anni è stata data anche per persa, ma fortunatamente riemerse nel 1990 a Città del Messico.

A causa delle persecuzioni anti-ebraiche Capa scappò dall'Europa per rifugiarsi a New York, dove si mise al servizio della rivista *Collier's Weekly*. Lo scoppio del secondo conflitto mondiale portò Capa nuovamente a spostarsi prima in Africa e poi nuovamente in Europa, precisamente in Italia. Dopo un periodo iniziale passato nel nord-Africa, nel luglio del 1943 venne paracadutato in Sicilia assieme all'esercito americano per documentare le operazioni di guerra. E proprio a tal riguardo Capa ci ha lasciato, oltre alle centinaia di scatti, anche il suo diario personale, pubblicato nel 1947 con il titolo *Slightly out of focus*.

Qualche settimana successiva al suo arrivo in Sicilia, Capa realizzò gli scatti più importanti della sua carriera, ritraendo le fasi più cruente dei combattimenti tra esercito americano e militari tedeschi nel cuore della Sicilia. Queste sue foto gli valsero l'assunzione da parte della rivista Life.

La sua esperienza con la Seconda Guerra Mondiale però non finì in Sicilia. Infatti il 6 giugno 1944 prese parte allo sbarco in Normandia. Sfortunatamente buona parte degli scatti effettuati durante lo sbarco è andato perduto per un errore del tecnico di laboratorio addetto allo sviluppo.

Conclusa l'esperienza della guerra, nel 1947 a Parigi, assieme ad altri grandi personaggi come Henri Cartier-Bresson, David Seymour, George Rodger e William Vandivert fondò l'agenzia **Magnum**, una delle più prestigiose agenzie fotografiche mondiali.

Temerario e sempre in prima linea, Robert Capa si ritrovò pochi anni più tardi di nuovo a dover documentare gli orrori di una guerra: questa volta si trattò della Prima Guerra d'Indocina, al seguito dell'esercito francese.

Purtroppo da questa spedizione Capa non fece rientro. Il 25 maggio 1954, sulla via del ritorno, salì su un terrapieno per effettuare degli scatti da posizione privilegiata, ma accidentalmente calpestò con il piede una mina che gli tolse la vita.

Si spense così, a soli 40 anni, uno dei fotografi di guerra più importanti della storia.

Durante la sua carriera ha realizzato diversi reportage sulla guerra, documentando le atrocità commesse in conflitti come la guerra civile spagnola (1936-1939), la seconda guerra sino-giapponese (1938), la seconda guerra mondiale (1941-1945), la guerra arabo-israeliana (1948) e la prima guerra d'Indocina (1954).

La sua inseparabile macchina fotografica è quasi sempre stata una Leica 35mm, apparecchio di piccolo formato capace di unire qualità a facilità nel trasporto.

Robert Doisneau

Robert Doisneau è uno dei fotografi francesi più noti di tutti i tempi, in particolare per le numerose immagini giocose e di cronaca quotidiana.Il suo notevole lavoro ci fornice uno spaccato meraviglioso della vita francese del secolo scorso, con immagini che potremmo definire quasi modeste, mai realizzate al fine di sorprendere lo spettatore. Il lavoro di Doisneau ha subito l'influsso di grandi maestri del tempo quali Kertesz, Atget e Cartier-Bresson.

Robert Doisneau nacque nel 1912 a Gentilly, Francia. Si iscrisse ad una scuola dei mestieri (Ecole Estienne a Chantilly) all'età di 13 anni, dove imparò le arti dell'incisione e della litografia. Successivamente, a 16 anni, cominciò a dedicarsi all'arte della fotografia ma, a causa della sua fortissima timidezza, limitò i suoi soggetti ai ciottoli della strada, evitando di fotografare altre persone. Non prese lezioni specifiche, tanto che possiamo definirlo come un vero e proprio autodidatta. Il suo primo lavoro fu commissionato dal reparto pubblicitario di una ditta farmaceutica.

La fotografia fu anche e comunque il passatempo principale di Doisneau che collezionava, giorno dopo giorno, una serie interminabile di fotografie ritraenti la vita quotidiana dei sobborghi parigini. Proprio una serie di queste fotografie fu acquistata, nel 1932, dal giornale Excelsior.

Dopo una breve parentesi nelle file dell'esercito francese, nel 1934 ottenne un posto quale fotografo industriale e pubblicitario presso la Renault nel paese di Billancourt, posto che mantenne fino al suo licenziamento nel 1939. Perso il lavoro, Doisneau divenne un fotografo freelance e si dedicò principalmente alla realizzazione di cartoline fotografiche, molto di moda in quel periodo (come souvenir o come biglietti d'auguri), che gli permisero di essere notato e assoldato nello stesso anno dall'agenzia fotografica Ralpho: cominciò qui la sua carriera di fotografo di strada.

Nello stesso anno, il 1939, finì al fronte nella resistenza, in qualità di soldato e di fotografo, specializzato (grazie alle sue capacità di litografo) nella redazione di passaporti e carte di identità. Durante questo periodo ha potuto effettuare parecchi scatti prima dell'occupazione e quindi della liberazione di Parigi, alcuni dei quali particolarmente famosi e noti.

In ogni caso, alcune delle fotografie più importanti e conosciute di Doisneau furono scattate nel periodo post-bellico. Finita la guerra, tornò a lavorare come freelance e vendette parecchie fotografie relative alla vita nelle strade di Parigi a parecchie ed importanti riviste internazionali. Si unì per un breve periodo all'agenzia fotografica Alliance per tornare, nel 1946, al suo vecchio datore di lavoro, l'agenzia Rapho.

Tra il 1948 ed il 1951 scattò parecchie immagini di moda (ed alta società) per Vogue Paris e proprio in questo periodo realizzò il suo capolavoro, The Kiss by Hotel de Ville (tra l'altro, lo stesso Doisneau ha ammesso, parecchi anni più tardi la realizzazione della fotografia, che si trattava di un falso bacio rubato: i due protagonisti non erano altro che due attori, suoi amici, ovvero Françoise Bornet e Jacques Carteaud).

Una curiosità relativa al fotografo francese: le sue fotografie, a dispetto di quelle scattate da praticamente tutti i suoi colleghi che pagavano la penuria di materiale nel dopoguerra, conservavano bene o male la stessa qualità di prima della guerra. Probabilmente Doisneau era riuscito, in qualche modo, ad entrare in possesso di materiale fotografico fornito dagli alleati americani.

Oltre alla sua fotografia di reportage, ha fotografato molti artisti celebri tra cui Giacometti, Cocteau, Leger, Braque e Picasso.

Negli anni 60 e 70, Robert Doisneau abbracciò la fotografia commerciale senza comunque mai tralasciare la sua passione per la fotografia di strada. Realizzò parecchi libri fotografici per bambini e si cimentò anche, nel '73 con la macchina da presa (il cortometraggio Le Paris de Robert Doisneau), senza dimenticarsi della nomina a consulente per l'Expo del 1967.

Gli ultimi anni della sua vita furono dedicati nuovamente alla fotografia da strada che lo accompagnò fino alla sua morte, il 1° aprile 1994, avvenuta a Parigi all'età di 81 anni.
Robert Doisneau, durante la sua carriera, vinse parecchi premi quali il Premio Kodak nel 1947, il Prix Niepce nel 1956 e fu il soggetto di parecchie retrospettive come per esempio alla Bibliotecque Nationale di Parigi, all'Art Institute di Chicago, alla George Eastman House di Rochester a New York, alla Galleria Witkin di New York.

Robert Mapplethorpe

Robert Mapplethorpe è stato un fotografo americano molto noto per i suoi ritratti in bianco e nero particolarmente stilizzati e dalle enormi dimensioni. I due principali soggetti del fotografo americano sono stati i fiori e gli uomini nudi e proprio quest'ultimo soggetto ha creato non pochi problemi al fotografo, in particolare in relazione al finanziamento pubblico delle sue opere d'arte. Mapplethorpe è ricordato come il fotografo che, tramite i suoi scatti omoerotici, ha rotto la barriera tra arte e pornografia.

Robert Mapplethorpe nacque a New York nel 1946 da genitori cattolici (Harry e Joan Mapplethorpe). Iscrittosi al Pratt Institute di Brooklyn, ha quasi conseguito la laurea in arti grafiche salvo abbandonare gli studi nel 1969, poco prima di conseguire la laurea.

Due anni prima l'abbandono degli studi, Mapplethorpe conobbe la compagna che gli fu di fianco per 7 anni (dal 1967 al 1974), la cantante americana Patti Smith. Molti dei lavori di questa prima fase furono ispirati dalla compagna, dalla quale si separò in amicizia nel 1974 dopo che la stessa scoprì l'omosessualità di Robert.

La carriera fotografica di Mapplethorpe cominciò da molto giovane, grazie ad una macchina fotografica Polaroid che gli fu regalata dai genitori. Nel 1970 il salto di qualità con l'acquisto di una Hasselblad medio formato. In questa fase i suoi soggetti erano principalmente gli amici, i conoscenti nonché parecchi artisti con i quali entrò in contatto grazie alla notorietà della compagna.

Nel 1980 avvenne la svolta definitiva del fotografo con la scelta, quale soggetto fotografico, di nudi maschili (ma anche femminili), fiori, nature morte in genere e ritratti particolari di artisti e celebrità (tra i quali anche Andy Warhol, Louise Bourgeois, Deborah Harry, Richard Gere, Peter Gabriel, Grace Jones, Joan Armatrading e Patti Smith).

Successivamente alla cantante Patti Smith, Mapplethorpe si legò a Sam Wagstaff (il suo curatore) che gli permise di trasferirsi all'ultimo piano del 35 West 23rd Street (un loft da oltre 500mila dollari), dove vi rimase fino alla sua morte, avvenuta a causa dell'AIDS il 9 marzo del 1989 all'età di 42 anni (a onor di cronaca si spense in un ospedale di Boston, specializzato in malati di AIDS).

L'anno precedente la sua morte, nel 1988, Robert fondò la Robert Mapplethorpe Foundation con lo scopo di promuovere le sue fotografie. Tuttavia, successivamente alla

149

sua dipartita, la fondazione ampliò il suo scopo diventando un'importante fonte di finanziamento per la lotta all'AIDS.

Buona parte dei lavori di Mapplethorpe furono concepiti e realizzati in studio, considerato anche il tipo di fotografia che lo caratterizzava: Mapplethorpe non mancò infatti di realizzare anche dei lavori particolarmente spinti (pratiche BDSM, coprofagia), oltre che foto still life e ritratti di nudo.

Come detto, molte mostre pubbliche di scatti di Mapplethorpe scatenarono non poche reazioni nelle comunità locali fino ad accusarlo, per le fotografie scattate a persone dalla pelle nera, per sfruttamento.

Il fotografo ha comunque avuto una seconda vita dopo la sua morte anche grazie alla sua amica ed ex compagna Patti Smith che gli ha dedicato due libri. Infine, va ricordato che la fotografia di Wahrol (presente in questo articolo) fu battuta all'asta nel 2006 per l'enorme cifra di 643mila dollari, diventando una delle fotografie contemporanee più costose di sempre. I proventi della vendita furono incamerati dalla fondazione Mapplethorpe.

Rodney Smith

Rodney Smith è un celebre fotografo statunitense, dotato di uno stupefacente talento artistico impiegato per creare dei lavori onirici, suggestivi e senza tempo. Non a caso è uno dei maestri del surrealismo fotografico.

La straordinarietà dell'arte di Rodney Smith è tutta nel ricreare la realtà, nell'utilizzare la fantasia, nel plasmarla trasformandola in un sogno, in una metafora o in una visione.

L'idea di creare una realtà onirica attraverso la macchina fotografica gli arriva da Breton, che a sua volta si ispirò a Freud: alla base di questo surrealismo fotografico vi è la volontà di indagare l'inconscio umano e di cercare la dimensione del sogno nell'epoca moderna. Osservandole meglio, inoltre, si nota come buona parte delle immagini di Rodney Smith è guidata da un altro ispiratore: Magritte.

Le opere di Rodney Smith hanno inoltre ispirato il movimento surreale nato in quel periodo, che nelle immagini di Smith hanno trovato un punto di partenza.

Il metodo di Rodney Smith è semplice, essenziale come la sua fotografia: luce naturale, solo l'attrezzatura indispensabile, l'equilibrio fra natura e uomo nonostante gli insoliti accostamenti, il bianco e nero visto come essenza e come struttura basilare della foto. La fotografia è per Rodney Smith il mezzo con cui andare contro la decadenza, imprimere la bellezza in modo indelebile, esplorare gli oscuri territori dell'inconscio e liberarsi dagli schemi.

L'eleganza, la ricercatezza, la spontaneità, la precisione tecnica e la naturalezza sono i tratti distintivi della fotografia di Rodney Smith che, con questi elementi, crea una perfetta armonia fra reale e surreale.

La bellezza è un altro elemento caratterizzante del fotografo: Rodney la brama, l'insegue, vuole catturarla con il suo obiettivo e renderla immortale. Ma soprattutto vuole usare la bellezza come antidoto allo squallore, alla banalità della società moderna. Gli altri tre elementi costanti della fotografia di Smith sono lo spazio, il tempo e la psicologia: il tempo che prende forma nei soggetti, soggetti che a loro volta galleggiano immobili in uno spazio, uno spazio a sua volta catturato in una prospettiva sovente desueta e destabilizzante. Tutto ciò è espressione dell'inconscio: nonostante ciò la fotografia di

Rodney Smith sfugge al tempo, sospesa fra un passato nostalgico ed un futuro romantico, capace di richiamare alla nostra mente un qualcosa di familiare eppure non vissuto allo stesso tempo.

Rodney Smith nacque a Long Island, New York, nel 1947. La vita della sua famiglia ruotò interamente attorno alla moda, in quanto il padre di Rodney fondò l'azienda Anne Klein. Il giovane Smith, però, non fu mai attirato da questo mondo patinato, preferendo gli sudi, in particolare psicologici. Rodney Smith si dedicò, quindi, principalmente allo studio, con l'intento di scoprire i meandri reconditi della realtà, intraprendendo gli studi teologici in Virginia.

Agli inizi degli anni 70 si laureò e successivamente studiò fotografia a Yale, dove ebbe come insegnante uno dei più grandi fotografi contemporanei, Evans, un fotografo che lo instradò nel mondo dell'arte e soprattutto nella fotografia in bianco e nero, ovviamente sempre e soltanto su pellicola fotografica (tutt'ora il fotografo ne fa uso).

Nel 1975 la Fondazione Gerusalemme gli assegnò un fondo per condurre una ricerca in Israele, dove Rodney soggiornò per tre mesi. Il risultato fu il libro "In the Land of Light" che venne pubblicato nel 1983. Terminato questo progetto iniziò la sua carriera di insegnante a Yale.

Fra le altre pubblicazioni del fotografo possiamo ricordare "Il libro di Hat" del 1993, "Il libro dei libri" nel 2005 e "The End" del 2008.

Durante gli anni della sua fulgida carriera, il brillante fotografo ha esposto in Francia, a Singapore, in Svezia e in varie località degli USA. Ha ricevuto anche diversi premi (ben oltre cinquanta) fra cui possiamo ricordare: International Photography Awards (IPA), Communication Arts e Photo District News (PDN). Ha inoltre lavorato per: American Express, BMW, Starbucks, Merrill Lynch, Morgan Stanley e Visa. Ha collaborato con diverse riviste come il The New York Times Magazine, Vanity Fair, Esquire e marchi della moda come Ralph Lauren.

Attualmente Rodney Smith vive a New York con la sua famiglia, ha fondato con la moglie una società di graphic design ed spesso si sposta per tenere dei convegni a Santa Fe e per insegnare fotografia presso la locale univeristà. Molti dei suoi lavori possono essere visualizzati sul suo portfolio online.

Sebastião Salgado

Sebastião Ribeiro Salgado è nato in Brasile, l'8 febbraio 1944, nella piccola cittadina di Aimorés. Ha cominciato il suo percorso di studi nello stesso paese ma nel 1960 si è dovuto trasferire sulla costa, a Vitoria, per completarlo due anni più tardi, nel 1962. Laureatosi in economia nel 1967, ha sposato nello stesso anno Lélia Deluiz Wanick da cui ha avuto due figli: Juliano e Rodrigo (affetto dalla sindrome di Down).

Nel 1969, dopo una parentesi di due anni a São Paulo dove Salgado ha ottenuto un master in Economia e letteratura, la famiglia si è trasferita a Parigi dove e Sebastião ha cominciato gli studi per un dottorato in economia. La parentesi francese dura solo due anni, infatti nel 1971 si è trasferito nella città di Londra dove Salgado ha collaborato, in qualità di economista per l'International Coffee Organization. Durante il periodo inglese ha inoltre effettuato parecchi viaggi in Africa per la Banca Mondiale. E sono stati proprio questi viaggi a far nascere in Salgado la passione per la fotografia: a Londra i suoi scatti avevano attirato parecchie attenzioni, al punto da fargli decidere di iniziare la carriera di fotografo.

Nel 1973 Salgado è tornato in Francia, a Parigi, dove ha cominciato la nuova vita. Inizialmente come freelance, successivamente, nel 1974, affiliato all'agenzia fotografica Sygma per la quale ha effettuato reportage fotografici in Portogallo, Angola e Mozambico. L'anno successivo, nel 1975, è passato sotto le insegne dell'agenzia Gamma per la quale ha realizzato servizi fotografici in Africa, Europa, America Latina.

La vera consacrazione si Salgado è quindi arrivata nel 1979 quando è entrato a far parte dell'élite dei fotografi del tempo, sotto le insegne della potentissima agenzia Magnum (per la quale ha prestato servizio per oltre 15 anni).

Nel 1984 Salgado ha pubblicato uno dei suoi lavori più articolati (cominciato 5 anni prima): Other Americas. Si tratta di un completo reportage fotografico sugli indiani e contadini dell'America latina.

Negli anni successivi, dal 1984 al 1987, ha collaborato con l'organizzazione Medici Senza Frontiere per la realizzazione di un reportage sulla carestia africana. Due i libri pubblicati a riguardo: Sahel, L'Homme en Detresse e Sahel el fin del Camino (rispettivamente in Francia e Spagna).

Gli anni successivi, fino al 1992, sono stati molto prolifici in quanto a viaggi in giro per il mondo: Salgado ha infatti toccato 23 differenti paesi dove ha immortalato nei suoi scatti la fine dell'era industriale basata sul lavoro manuale. Nel 1993 ha pubblicato il resoconto di questi viaggi nel libro: Workers: an archeology of the industrial era in eight countries. Le fotografie di questo libro, venduto in oltre 100.000 copie, sono tutt'ora esposte in parecchie mostre in giro per il mondo.

Nel 1993 Salgado ha cominciato a lavorare sul suo successivo libro, Migrations, un'opera mastodontica che lo ha portato a visitare 43 paesi in giro per il mondo. Come fa intuire il titolo, il motivo di fondo dell'opera è la migrazione della popolazione dalla campagna alle città, con un reportage sulle nuove megalopoli che si sono formate negli ultimi decenni.

Oltre a Migrations, Salgado ha pubblicato anche:

- Les cheminots (France, 1989);
- An Uncertain Grace (USA, Great Britain, Japan, France, Portugal, Italy, 1990);
- The Best Photos (Brazil, 1992);
- Photopoche (France, 1993);
- Terra (Brazil, France, Portugal, Italy, Great Britain, Germany, Spain, 1997);
- Photopoche Serra Pelada (France, 1999).

Nel 1994 Salgado abbandona la Magnum fondando, insieme alla moglie, l'agenzia Amazonas Images. Il fotografo e la moglie sono stati anche particolarmente attivi nell'ambito della protezione dell'ambiente ed in particolare della Foresta Atlantica in Brasile. Grazie al loro impegno parte della zona è stata trasformata in riserva ambientale, con oltre 500mila alberi ripiantati e l'Istituto Terra (sempre da loro fondato) a vigilare su di essa.

Sebastião Salgado è anche un Goodwill Ambassador dell'UNICEF e membro onorario dell'Accademia delle Arti e delle Scienze degli Stati Uniti. Ha ricevuto numerosi premi, tra cui diverse lauree ad honorem e molti altri riconoscimenti per il suo lavoro fotografico.

Sally Mann

Sally Mann è una fotografa americana, i cui soggetti ed il cui stile sono sempre stati al centro di parecchie critiche e polemiche. Le immagini catturate da Sally sono avvolte da un alone d'inquieta bellezza, di profondità oscura e misteriosa che lascia affascinato ma anche perplesso chi le osserva. Il motivo di tali sensazioni, spesso contrastanti, è da ricercarsi nel fatto che le opere di questa fotografa statunitense sono sempre in bilico: mai del tutto allegre nonostante gli scenari lo suggeriscano e mai del tutto opprimenti, nonostante le espressioni imbronciate o concentrate dei suoi soggetti.

Sally Mann sceglie per lo più come soggetti i bambini ed in particolare i suoi figli, senza disdegnare comunque le famiglie di varie estrazioni sociali, il marito, le ragazze adolescenti e per un certo periodo i paesaggi naturali. Non si tratta di un caso: questa talentuosa fotografa si prefigge infatti come obiettivo il ritrarre soprattutto i legami familiari ed il passaggio dall'infanzia all'età adulta, nonché il legame fra l'uomo e la natura.

Nelle fotografie di Sally ci sono delle dicotomie ricorrenti ben visibili: il legame fra la vita e la morte, l'innocenza e la sensualità, le speranze e le paure, i costrutti sociali e la natura. La natura, in particolare, è molto presente: sia nella nudità dei soggetti, che per certi versi può considerarsi metaforica, sia come scenario selvaggio ed incontaminato, quasi surreale.

Fra i temi approfonditi da Sally Mann sono molto evidenti la morte ed il tempo. La morte, messa in scena come metafora dell'abbandono dell'infanzia ma anche come esorcizzazione poiché atavica nemica di tutti i genitori ed infine il legame fra terra e morte, con i ritratti di scenari di decomposizione in contesti naturali. Il tempo è una costante, che si tratti di morte o di malattia o della crescita dei figli, Sally riesce a dargli un senso, a fermarlo ed ad immortalarne il passaggio.

Tutto questo viene catturato con uno stile onirico, gotico, immediato, talvolta realista talvolta surreale, con una certa dose di lirismo e velata spiritualità. Il linguaggio fotografico monocromatico conferisce solennità ed eleganza, nonché ancor più profondità alle sue opere; mentre la tecnica del collodio umido conferisce ancor più malinconia e nostalgia ai momenti impressi da Sally.

Sally Munger, è nata l'1 Maggio 1951 a Lexington in una famiglia benestante ed in un clima in cui sono fortemente radicate le tradizioni contadine. Sua madre, Elizabeth, di professione era una bibliotecaria mentre suo padre, Robert, un medico generico. Da quest'ultimo Sally ha ereditato il contatto diretto con le persone ed il forte legame con le famiglie che divengono fra i soggetti principali dei suoi ritratti.

Fin da piccola Sally è stata incoraggiata a mostrare il suo talento per la fotografia ed il suo primo soggetto è stato un compagno di classe nudo.

I suoi studi si sono svolti principalmente nella Putney School, dove si è diplomata (1969) e poi al Bennington College, al Friends World College, al Hollins College dove infine ha conseguito un master in scrittura creativa terminando gli studi nel 1975. Nel mentre ha conosciuto Larry Mann, un avvocato molto dedito al lavoro, divenuto poi suo marito.

Sally ha sviluppato la passione per i cavalli da corsa e per la fotografia. Il suo primo lavoro nell'ambito della fotografia risale al 1976 in qualità di aiuto fotografa alla Washington and Lee University. L'anno successivo ha avuto modo di organizzare la sua prima mostra alla Corcoran Gallery of Art di Washington, dove ha esposto opere che ritraggono l'edificazione della nuova Lewis Law Library. Verso la fine degli anni settanta è nato il suo primo figlio: Emmet. Nel 1981 è venuta alla luce la secondogenita, Jessie.

Nella prima metà degli anni ottanta Sally Mann ha pubblicato il suo primo libro: Second Light in cui sono raggruppate le foto della sua prima mostra. Più o meno nello stesso periodo (1985), Sally ha dato alla luce anche la sua terza ed ultima figlia, Virginia.

Una delle mostre che ha suscitato le prime feroci critiche è stata "At Twelve" (1988) in cui Sally ha messo al centro della sua arte le ragazze adolescenti mostrandone i cambiamenti fisici, la maturazione, le inquietudini e le speranze. Ma la vera opera che ha scatenato un vero e proprio pandemonio di critiche e polemiche è stata "Immediate Family" (1992) in cui Sally ha mostrato i suoi figli, in bilico fra infanzia ed adolescenza, per lo più nudi e ritratti in contesti naturali e familiari. La società "perbenista" e "benpensante" le si è rivoltata contro additandola come madre snaturata, una madre che espone i suoi figli piuttosto che proteggerli, sfruttandoli per tornaconto personale. Proprio queste polemiche hanno inciso anche sulla data di pubblicazione del lavoro Immediate Family che avrebbe dovuto essere originariamente pubblicato ed esposto nel '91 e non l'anno successivo come invece accadde.

A metà degli anni novanta, Sally ha scoperto la tecnica del collodio umido e ha pubblicato il suo quarto libro "Still Time", una summa dei suoi precedenti lavori (1994). Lo stesso anno è stato pubblicato anche il primo documentario sulla sua vita, "Blood Ties", girato da Steve Cantor.

Il nuovo millennio si è aperto con la pubblicazione, per la seconda volta (la prima infatti risale al 1992), di un ritratto familiare di Sally ed i figli sul New York Times Magazine.

Un nuovo libro, il quinto, ha visto la luce nel 2003: "What Remains". I soggetti di quest'opera hanno molto a che vedere con la decadenza, la decomposizione ed il legame fra morte e natura. Il sesto libro è quindi stato pubblicato due anni dopo, con numerose foto in bianco e nero di vari lavori svolti fra il '92 ed il 2004.

Nel 2006 ha visto la luce secondo film documentario di Steve Cantor stavolta dal titolo "What Remains". Nello stesso anno Sally ha subito un incidente mentre stava cavalcando (l'animale fu colto da un aneurisma) che le ha provocato un forte shock, shock che Sally Mann ha tentato di superare tuffandosi a capofitto in un nuovo lavoro, esposto poi nel 2010 nel museo delle Belle arti della Virginia.

Nel 2012 le foto di "What Remains" sono state riproposte nel Fotografiska Museum di Stoccolma.

Attualmente Sally Mann vive in una grande fattoria con il marito Larry, affetto da distrofia muscolare, che è il soggetto del suo nuovo lavoro "Proud Flesh".

Sergio Larrain

Sergio Larrain è uno dei più controversi e significativi fotografi del XX secolo, nonché autore cileno di un importante lascito artistico che ha influenzato generazioni di artisti.

Larrain ha una personalità a dir poco complessa e contraddittoria che per buona parte si riflette nella sua arte: dalle sue opere traspare la sensibilità, la spiritualità, la melanconia, l'amore per l'osservazione del mondo che fa emergere un'elevata coscienza sociale, che a sua volta nasconde angustia, ossessioni ed anche paranoie ciò lo si evince dal modo in cui lavora alle sue opere, meticoloso fin nei minimi dettagli ma anche dalle testimonianze di chi l'ha conosciuto.

Sergio Larrain ha votato la sua intera vita alla salvaguardia ed alla salvezza del mondo, prima attraverso la fotografia e poi abbandonandola.per questo incredibile autore, la fotografia non è mai stata un dovere o un lavoro, ma piuttosto uno stato di grazia, in cui l'uomo che ama la vita riesce ad immortalarne l'attimo fuggente. Per lui la fotografia è paragonabile ad un viaggio, è una ricerca, una scoperta, un render tangibile ciò che ci è lontano, ciò che i nostri occhi non riescono completamente a permeare e dunque un modo per imparare a vedere sul serio quello che ci circonda.

Dagli scatti di Sergio, che ha soprattutto fra i soggetti il paese, i bambini e la vita popolana, si evince un'interessante studio fra luci ed ombre, la prima colpisce particolarmente: è sempre vivida e presente, contribuisce a creare la poesia dell'immagine miscelandosi a quel velo impalpabile di solitudine e decadenza che è tipico delle sue opere.

Larrain non ha mai fatto mistero del fatto che le sue opere siano frutto della spontaneità e che il suo unico criterio sia stato il suo gusto personale senza alcun preconcetto, solo uno sguardo genuino tendente all'infinito, desideroso di racchiudere l'esistenza per condividerla con altri. Questo è per Sergio Larrain la fotografia, non un esaltazione di se stessi e del proprio talento ma una condivisione.

Quarto di cinque figli, Sergio Larrain nacque il 1931 a Santiago del Cile in una famiglia benestante, socialmente inserita e culturalmente elevata. Il padre, Sergio Larrain Garcia-Moreno, si occupò di architettura ma si interessò anche di musei, tant'è che fondò la prima esposizione pubblica d'arte cilena del periodo precolombiano. La sorella Luz Larrain, successivamente alla scomparsa del fratello, rivelò che l'ambiente in cui sono cresciuti aveva molto poco in comune con la vita familiare con una casa sempre pronta ad ospitare personaggi famosi ed i genitori troppo impegnati a far vita sociale piuttosto che a crescere i figli. Sergio così si ritrovò molto spesso solo a vagabondare, ammirando chi vive con poco e niente, interessandosi di ecologia e di spiritualità. La sua più grande aspirazione, in quel periodo, fu quella di diventare prete, aspirazione che comunque crebbe di pari passo con la fotografia.

Nel suo iter scolastico, Sergio frequentò la facoltà di ingegneria forestale all'Università di Berkeley (1948) e poi l'Università del Michigan. Il suo primo scatto risale al 1949 quando immortalò dei bambini che vivevano sotto un ponte del fiume Mapocho (Santiago del Chile). Questa immagine fu l'inizio del percorso nel mondo della fotografia di Sergio Larrain che abbandonò gli studi per dedicarsi alla fotografia stessa, acquistando in quello stesso anno la sua prima Leica. Iniziarono anche i viaggi che lo portano in giro per il mondo: otto mesi che lo portarono in parecchie località europee ed Arabe.

Larrain Tornò in Cile nel 1951 ed intraprese seriamente la carriera di fotografo costruendosi da solo, a casa, un piccolo laboratorio in cui sviluppò da sé le foto. Nel 1953 Sergio si mise nuovamente in viaggio verso il Brasile dove venne assunto dalla rivista brasiliana O Cruzeiro, un'esperienza che comunque non durò a lungo, soprattutto per la vincita di una borsa di studio del British Council che lo portò a trasferirsi a Londra.

Nel 1955 ritornò a casa e si trasferì in un paese molto amato: Valparaiso. Da qui inviò le sue foto al MOMA di New York (1956) ed Edward Steichen, il direttore, rimanendone molto colpito, ne acquistò due. L'anno seguente alla fotografia s'intervallò un periodo di creatività musicale dovuto alla relazione con la cantante Violetta Parra, una passione che si è sempre trascinato sin dall'infanzia.

La svolta definitiva della carriera fotografica per Larrain arrivò fra il 1959 ed 1961 quando incontrò Cartier-Bresson a Parigi, che lo invitò a far parte della Magnum. Per potervi entrare Sergio dovette sottoporsi ad una specie di noviziato che lo portò a fare degli interessanti viaggi per reportage molto forti e talvolta rischiosi. Si ritrovò in Sicilia, dove ebbe il compito di fotografare il boss latitante Giuseppe Russo, fu inviato al matrimonio dello Shah di Persia e documentò la cattura dei combattenti nella guerra dell'Argelia, pubblicate poi dal New York Times e da Life. Entrò definitivamente alla Magnum nel 1961, grazie alla quale conobbe Pablo Neruda.

Negli anni 60, Sergio conobbe la sua prima moglie, Francisca Bressoud, dalla quale ha una figlia (Gregoria). Sono anche gli anni in cui, fortemente ossessionato dalla spiritualità, si avvicinò all'induismo. Pubblicò un'altra opera "El rectangulo en la Mano" (1963) seguita tre anni dopo da Una Casa en la Arena a cui collaborò anche Pablo Neruda.

Nel 1970 Sergio Larrain abbandonò definitivamente la fotografia. Conobbe la seconda moglie, Paz Huneeus, dalla quale ebbe il secondo figlio Ao, nome successivamente cambiato dallo stesso in Juan Josè. Lo stesso Juan, anni dopo, descrisse il padre Sergio come un padre difficile, apprensivo, fanatico, che lo obbligava a meditare e a stare quanto più possibile lontano dal mondo. Particolarmente ossessionato dalla salvezza del mondo, Sergio entrò a far parte del movimento esoterico Arica (1972).

Negli anni a seguire visse in isolamento fra Ovalle e Tulahuen dove tenne corsi di yoga e insegnò alle persone ciò che è davvero importante nella vita. In questo lasso di tempo, Sergio si dedicò anche alla pittura, alla scrittura ed alla contemplazione.

Negli anni novanta uscirono due suoi libri: Valparaiso (con i testi di Pablo Neruda) e Londres. Venne inoltre organizzata una mostra presso l'Istituto Valenciano di arte moderna (in Spagna).

Sergio Larrain, il 7 Febbraio del 2012, ad Ovalle ed all'età d'ottantuno anni, morì circondato dai familiari.

Steve McCurry

Steve McCurry nasce a Philpadelphia il 24 febbraio 1950. Studia fotografia, cinematografia e teatro alla Pennsylvania State University.

Inizia la sua carriera di fotografo collaborando con un giornale locale. Dopo un paio d'anni decide di lavorare come freelance e parte per l'India, con l'obiettivo di realizzare fotoreportage per i periodici. Sarà soltanto il primo di moltissimi viaggi in Asia, continente dal quale si sentirà attratto durante tutta la sua carriera e dove intraprenderà la maggior parte dei suoi progetti fotografici.

McCurry raggiunge la notorietà internazionale nel 1979, quando in Pakistan incontra dei profughi afghani che lo informano dell'imminente scoppio della guerra. Dopo aver trascorso alcune settimane con i ribelli mujaheddin in Afghanistan poco prima dell'invasione russa, attraversa il confine con il Pakistan travestito con abiti tradizionali e riesce a portare con sé tutti i suoi rullini cuciti tra i vestiti: quelle foto sono tra le prime immagini del conflitto e vengono pubblicate in tutto il mondo. Per il suo eccezionale coraggio riceve la Robert Capa Gold Medal per il miglior reportage fotografico realizzato all'estero.

Da questo momento ottiene incarichi dalle principali riviste del mondo e concentra la sua attenzione sui conflitti internazionali tra i quali la guerra Iran-Iraq, la disgregazione della ex Jogoslavia, Beirut, la Cambogia, la Guerra del Golfo e ancora l'Afghanistan, scegliendo di mostrare gli effetti devastanti della guerra attraverso i volti umani.

I suoi scatti più celebri raffigurano persone: grazie ad un approccio umanistico e ad una eccezionale capacità di superare le barriere culturali e linguistiche per creare un legame di fiducia con i soggetti delle sue foto, McCurry riesce a catturare l'essenza dell'animo umano e a cogliere le storie impresse sui volti della gente.

I suoi soggetti sono bambini, lavoratori, guerriglieri, persone che raccontano il contesto in cui vivono e che colpiscono lo spettatore per l'intensità dell'espressione, per i segni sul viso o per i colori che indossano.

Ciò che rende unici i ritratti di McCurry è la capacità di condurre lo spettatore dentro realtà drammatiche di guerra e di povertà per rivelarne frammenti di bellezza.

Lo scatto più noto di McCurry è quello che ritrae una ragazza afgana fotografata in un campo di rifugiati a Peshawar, in Pakistan che, dopo essere stato scelto come copertina del numero del giugno 1985 del National Geographic, diventa in breve una vera e propria icona e considerata come una delle fotografie più riconoscibili del mondo.

L'identità della "Ragazza Afghana" rimane ignota per quasi vent'anni finché Steve McCurry non riesce a ritrovarla nel 2002, in un'esperienza molto intensa dal punto di vista fotografico ma anche umano. Dopo aver ritrovato Sharbat Gula, soggetto che lo ha reso tanto famoso, McCurry dirà: "La sua pelle è consumata. Ci sono rughe ora, ma è rimasta sensazionale esattamente come lo era tanto tempo fa".

I lavori di Steve McCurry sono stati pubblicati sui principali giornali del mondo e, grazie ad una innata passione per il viaggio a cui dedica buona parte della sua vita, ha scattato foto in moltissime nazioni e soprattutto nei luoghi devastati dalla guerra.

Nel corso della sua carriera vince numerosi riconoscimenti ed è premiato diverse volte con il il World Press Photo Award. Dal 1986 entra a far parte della Magnum Photos, dove incontra ed ha modo di conoscere uno dei fondatori dell'agenzia, Henri Cartier-Bresson.

Steve McCurry ha pubblicato numerosi libri e i suoi scatti fanno parte delle collezioni dei principali musei internazionali, oltre ad alimentare grandi mostre che attirano migliaia di visitatori in tutto il mondo.

Pur fotografando da anni in digitale, nel 2010 propone alla Kodak di realizzare un progetto utilizzando l'ultimo rullino di pellicola Kodakchrome prodotto.

Nel progetto The Last Roll sono raccolti gli scatti di quest'ultima storica pellicola in un viaggio tra America, India, Istanbul e Londra, fino al ritorno negli Stati Uniti, nel Kansas, dove il rullino viene consegnato all'unico laboratorio al mondo che ancora sviluppa pellicole Kodakchrome e che chiuderà definitivamente qualche mese più tardi, segnando anche la fine di un'era.

Tina Modotti

Assunta Adelaide Luigia Modotti Mondini è una fotografa italiana nota nel mondo della fotografia e del cinema come Tina Modotti. Donna dall'animo inquieto, sfuggente, dalla bellezza malinconica e dalle travolgenti passioni, ha sempre fatto parlar di sé e non tanto per i suoi lavori quanto per gli intrighi amorosi e politici di cui è stata al centro.

La vita piena di amore, di tormento, di contraddizioni, di fascino, di arte, di avventura e di tragedie, ha reso Tina Modotti un personaggio sopra le righe, sempre in discussione e su cui discutere. Una vita che ha molto spesso messo in ombra il suo talento per il cinema e la fotografia, nonostante sia stata un artista di spessore internazionale e particolarmente dotata.

Tina Modotti non è stata solo scandali, intrighi e politica: è stata una giovane migrante friulana alla scoperta del sogno americano, è stata una ragazza povera che ha lavorato duramente per aiutare la propria famiglia, è stata un animo creativo che con la sua empatia è riuscita a cogliere le profondità dell'animo umano. E' stata una donna innamorata del Messico e molto sfortunata con gli uomini.

La fotografia di Tina Modotti rispecchia la sua anima poetica ed elegante, la sua tecnica è ricercata, e nelle sue opere su può ammirare l'armonia della composizione ma anche la leggera teatralità. La perfezione tecnica è per l'artista quasi un'ossessione, il fine della sua fotografia è quello di dare un tocco di vitalità ed un senso ad un mondo disordinato, sregolato, violento e decadente. L'obiettivo della Modotti, in ogni caso, non è quello di produrre un capolavoro artistico ma di dare una fedele testimonianza della realtà.

Una delle sue più grandi fonti di ispirazioni fu il fotografo Robert Capa, grazie al quale decise di dedicarsi al reportage politico ed all'impegno umanitario.

Tina Modotti è in tutti i suoi lavori, sia quelli in cui è lei stessa il soggetto, sia in quelli in cui non lo è. Le fotografie di Tina sono esattamente come lei: libere dalle convenzioni, magnetiche ed affascinanti. In ogni suo lavoro i due aspetti della sua vita, quello personale e quello artistico, sono destinati a scontrarsi, a fondersi ed a completarsi.

La figura di Tina Modotti, per quanto eclettica, passionale e controversa, rimane particolarmente enigmatica: va davvero considerata come una rivoluzionaria affascinante oppure è una semplice vittima di una serie di sfortunati eventi?

Tina Modotti nacque a Udine nel 1896. Ancora bambina si trasferì in Austria con la famiglia per rientrare, dodicenne nel 1905, ad Udine. Qui lavorò in una filanda e grazie ad uno zio scoprì, nel tempo libero, il mondo della fotografia di cui ebbe modo di studiare tecniche e segreti.

Nel 1913 partì alla volta di San Francisco per raggiungere il padre, è nella città americana venne assunta da una fabbrica tessile. Nonostante il lavoro assorbisse gran parte del suo tempo, riuscì comunque a dedicarsi al teatro amatoriale. E fu proprio l'esperienza teatrale, dove poté confrontarsi con la vita d'oltreoceano, a mettere in evidenza come Tina Modotti era una persona molto differente dall'idea della donna americana, molto meno libera ed emancipata.

Nel 1918, all'Esposizione Internazionale Panama-Pacific, conobbe il poeta e pittore Roublaix, che la introdusse nei salotti artistici. Per il poeta lasciò San Francisco, trasferendosi a Los Angeles, dove lo sposò nel 1917. Los Angeles fu anche il set della sua esperienza, per la cronaca breve, cinematografica. Ad Hollywood prese parte a tre film ovvero (solo nel primo ebbe una parte principale): The tiger's coat (1920), Riding with Death e I can explain. L'esperienza cinematografica terminò per decisione dell'artista: troppo commerciale, troppo finto, troppo artificioso per la sua indole.

L'anno successivo segnò la svolta nella vita sentimentale di Tina: conobbe infatti il fotografo Edward Weston di cui si innamorò, cosa che spinse il marito a trasferisi in Messico. E fu proprio in Messico che Roublaix contrasse il vaiolo, malattia che lo uccise nel 1922. Andando al suo funerale, Tina scoprì il Messico e se ne innamorò. Vi si trasferì con il nuovo compagno, Weston appunto, nel 1923. In Messico i due fotografi esplorarono il mondo della ritrattistica, lavorarono per il libro di Anita Brenner (Idols Behind Altars, 1925-1926) ed esposero in una mostra fotografica organizzata dai gruppi rivoluzionari messicani.

Fra il 1925 e il 1926, i due fotografi tornarono sporadicamente nella città di San Francisco dove Tina Modotti entrò in contatto con la fotografa Dorothea Lange. Intanto, il rapporto con Weston si deteriorò, tanto che verso la fine del 1926 il fotografo tornò definitivamente in America. Tina, dal suo canto, si unì al partito comunista locale e divenne l'amante del pittore militare Xavier Guerrero, quindi di Vittorio Vidali. In questo periodo intrattenne collaborazioni con diverse riviste: Folkways, Forma, El Machete e New Masses.

Nel 1929 iniziò una breve relazione con Antonio Mella, successivamente ucciso dai sicari del dittatore di Cuba Gerardo Machado. Tina decise di ribellarsi (rifiutò l'incarico di fotografa ufficiale per il Museo nazionale Messicano), di parlare, o meglio di usare la sua fotografia quale mezzo di denuncia. Ma il clima politico messicano era oramai ad una svolta, con le organizzazioni comuniste che vennero messe fuori legge. Tina, personaggio decisamente scomodo, fu accusata di esser coinvolta nell'attentato contro il nuovo capo dello Stato Pasqual Ortiz Rubio, quindi arrestata ed espulsa dal Messico.

La partenza dal Messico sancisce anche la pausa dalla fotografia, pausa che durò all'incirca dodici anni. Dal Messico partì alla volta dell'Europa per giungere infine a Mosca dove svolse diverse missioni per la polizia segreta sovietica. Ottenne la cittadinanza, si unì al partito comunista ed alle Brigate internazionali. Negli anni successivi, si divise tra Mosca, Vienna, Varsavia, Madrid e Parigi aiutando i perseguitati politici.

Abbandonò definitivamente Mosca nel 1939 per la Spagna, sentendosi tradita ed illusa dalla politica di Stalin. Qui scoppiò la guerra civile spagnola, e Tina e Vidali cominciarono a lavorare negli ospedali e nel Soccorso Rosso internazionale svolgendo reportage e servizi.

Gli anni successivi furono un enorme calvario per Tina, che aveva cambiato il nome in Maria, a causa del suo credo politico. Si spostò a Parigi e tentò di tornare in Italia, nonostante fosse ricercata dalla polizia fascista. Successivamente, insieme a tantissimi altri esuli, rientrò in Messico (il nuovo presidente annullò la precedente espulsione) dove, insieme a Vidali, visse una vita di stenti, arrabattandosi con traduzioni e collaborazioni con agenzie umanitarie.

Tina Modotti muorì misteriosamente a Città del Messico nel 1942, di ritorno da una cena con amici. La causa ufficiale fu infarto ma la stampa scandalistica messicana ipotizzò un avvelenamento da parte dell'amante Vidali, che avrebbe pianificato l'omicidio a causa dei numerosi segreti condivisi con l'artista.

Yousuf Karsh

Yousuf Karsh nacque il 23 Dicembre del 1908 a Madin(Armenia) ed è uno dei fotografi ritrattisti più noti al mondo.

Karsh era un maestro nell'uso delle luci in studio. Un aspetto peculiare dei ritratti di Karsh è l'enfasi sulla differente illuminazione delle mani del soggetto.

Karsh ha fotografato molti dei più grandi e celebri personaggi del suo tempo dai quali era particolarmente cercato, al punto che il giornalista Perry pubblicò sul London Sunday una frase particolarmente esplicativa: "quando i famosi cominciano a pensare all'immortalità, chiamano Karsh".
Karsh aveva il dono di catturare l'essenza dei suoi soggetti, la loro anima: "Dentro ogni uomo ed ogni donna si cela un segreto. Come fotografo è mio il compito di rivelarlo, se posso" (una frase dello stesso Karsh, dalla sua pubblicazione del 1967 Karsh Portfolio).

Karsh crebbe nell'Armenia occupata dagli Ottimani e fu impotente testimone del genocidio degli armeni cristiani ad opera del nuovo governo turco. All'età di 14 anni fuggì con la sua famiglia nella vicina Siria. Due anni dopo, il giovane Yousuf fu spedito in Quebec (Canada) presso suo zio George Nakash, un fotografo nella piccola cittadina di Sherbrooke. Fu qui che Karsh frequentò per un po' le scuole locali e si avvicinò al mondo della fotografia, aiutando lo zio nella bottega. Fu lo stesso Nakash a vedere un grande potenziale in suo nipote e, nel 1928, riuscì a farlo assumere come apprendista dal collega (un famoso fotografo ritrattista) John Garo a Boston.

Karsh tornò in Canada quattro anni dop. Stabilì uno studio su Sparks Street a Ottawa, vicino alla sede del governo Canadese. E fu proprio questa posizione a dargli un indubbio vantaggio: per caso, il primo ministro canadese Mackenzie King si accorse di lui e lo prese in simpatia, introducendolo con i dignitari in visita in Canada e convincendoli a posare per un ritratto. Grazie a questa attività, il suo nome ed i suoi lavori cominciarono ad essere noti, ma la vera consacrazione arrivò qualche tempo dopo, nel 1941, quando Winston Churchill visitò Ottawa. Fu una spinta alla sua carriera impressionante: basti pensare che il ritratto che Karsh fece di Churchill è tuttora il ritratto fotografico più riprodotto della storia.

Tanto per dare un'idea di quanto Karsh era famoso tra gli uomini potenti e di governo, basti pensare che ha fotografato 51 delle 100 persone più potenti del globo nel 2000. Un risultato impressionante.

Le fotografie di Yousuf Karsh sono conservate nelle collezioni permanenti di molti musei nazionali quali quella della National Gallery of Canada, del Metropolitan Museum of Art of New York, del New York's Museum of Modern Art, del National Portrait Gallery of Australia, del National Portrait Gallery of London, della George Eastman House, della Bibliotheque Nationale de Paris. In aggiunta, va ricordato che l'Archivio Nazionale del Canada conserva la sua collezione completa, inclusi negativi, stampe e documenti, mentre la sua attrezzatura fotografica è stata donata al Museo di Ottawa della Scienza e Tecnologia.

Karsh, nella sua vita, ha pubblicato 15 libri di fotografie completi di spezzoni di dialoghi tra il fotografo e i suoi soggetti. Tra i titoli più importanti cito:

- Faces of destiny(1946)
- Portraits by Karsh (1946)
- Canada: as seen by the camera of Yousuf Karsh and described in words by John Fisher (1960)
- In search of greatness (1962)
- reflections of Yousuf Karsh (1962)
- Karsh portfolio (1967)
- Faces of Our Time (1971)
- Karsh portraits (1976)
- Karsh Canadians (1978)
- Karsh: a fifty-year retrospective (1983)
- Karsh: American legends (1992)

Per quanto riguarda i soggetti fotografati la lista, come detto in precedenza, è enorme. Tra di essi spiccano I ritratti di Albert Einstein, Paul Robeson Georgia O'Keeffe , Albert Schweitzer, Winston Churchill , Alexander Calder, Andy Warhol, Audrey Hepburn, Clark Gable, Dwight Eisenhower, Laurence Olivier, Ernest Hemingway, Fidel Castro, La principessa Grace ed il principe Ranieri, Jacqueline Kennedy, Frank Lloyd Wright , il generale Pershing, George Bernard Shaw, , Grey Owl, Helen Keller, Humphrey Bogart, Madre Teresa, Mandela , Madame Chiang Kai-Shek, Muhammad Ali, Pablo Casals, Picasso, Peter Lorre, Pierre Elliott Trudeau, la regina Elizabeth, John F. Kennedy, Robert Frost, Ruth Draper.

Una nota relativamente allo scatto della fama, quello fatto a Winston Churchill, durante i i primi anni della seconda guerra mondiale. Churchill, all'epoca primo ministro britannico, aveva appena parlato al Parlamento canadese e Karsh era lì per fotografare uno dei più grandi leader del secolo. Ma Churchill non era per nulla in vena di farsi fare un ritratto e concesse non più di due minuti a Karsh in uno'anticamera immediatamente fuori dalla Camera dei Comuni. Lo stesso Karsh descrisse quei due minuti: "Due striminziti minuti in cui devo immortalare una persona che ha già scritto o ispirato un'intera biblioteca di libri, che ha sconcertato tutti i suoi biografi, riempito il mondo con la sua fama, e me, in questa occasione, di terrore." (Da Faces of Our Time, 1971).

Churcill entrò nell'anticamera accigliato, quasi "guardando la mia macchina fotografica come se si trattasse del nemico tedesco", sigaro in bocca. Sigaro che, però, a Karsh non piaceva. Al punto di spingerlo, senza particolari riverenze, a tirarlo via dalle labbra di Churchill che rispose "piegando in avanti la testa in fare bellicoso, la mano posizionata sul fianco in atteggiamento rabbioso". E questa fu la sua fortuna: riuscì a catturare l'immagine perfetta. L'immagine di un Churchill spavaldo ed invincibile. Un'immagine che non era solo quella dell'uomo, ma di un'intera nazione.

Karsh morì, nel 2002 (il 13 agosto per la precisione) nella città di Boston.

Vivian Dorothea Maier

Vivian Maier fu una talentuosa fotografa di strada, autodidatta, che ha inconsapevolmente dato vita a numerose opere d'arte, nel corso dei lunghi anni in cui faceva di mestiere la baby-sitter.

Vivian era una donna dallo sguardo impenetrabile, i lineamenti mascolini, l'espressione seria ed impassibile, sempre predominante nei suoi frequenti autoscatti. Questa sconosciuta artista era solita indossare giacche di taglio maschile, gonne lunghe, scarpe maschili ed un grande capello. Amava il gelato al caffè, collezionava libri d'arte, ritagli di giornale ed amava il teatro che frequentava, soprattutto nei primi tempi del suo rientro a New York, per imparare la lingua inglese.

Vivian era una persona schiva, dalle abitudini frugali, amava viaggiare e passeggiare da sola ed era dedita soprattutto alla cura dei bambini ed alla fotografia. Gli adulti avevano un rapporto instabile con lei: la consideravano una persona fredda, altezzosa, i vicini di casa (quando Vivian era già abbastanza avanti negli anni) la descrivevano come una persona aggressiva con piccole manie ossessive. Tutt'altra storia invece con i bambini che la adoravano, tanto da arrivare a paragonarla a Mary Poppins. Per loro Vivian organizzava escursioni, gite, li portava con sé a teatro ed inventava giochi sempre nuovi.

Della vita privata di Vivian non sono state trovate notizie, la sua famiglia erano i bambini e la sua compagna di vita era una Rolleiflex con cui immortalava il mondo che la circonda. Nel suo tempo libero, Vivian, amava passeggiare per le strade di Chicago ritraendo, per la maggiore, le persone che incontrava e che in qualche modo la colpivano. Il suo è uno stile da ritrattista classico, i suoi soggetti erano per lo più bambini, emarginati, persone comuni catturate in momenti quotidiani della vita di città.

Il fulcro della fotografia di Vivian erano gli sguardi e le ombre: la Rolleiflex fungeva da intermediaria fra lei ed il mondo, coglieva quelle sfumature della semplicità quotidiana che sovente sfuggono a chi guarda fuggevolmente. Le foto di Vivian erano permeate di simbologia: i dialoghi sostituiti dagli sguardi ne evidenziavano una forte solitudine ma anche un desiderio di andare oltre le parole, la macchina fotografica sempre presente negli autoscatti o simbolicamente in forma di cerchi (specchi soprattutto) come a voler evidenziare il fatto che la Rolleiflex fosse quasi un terzo occhio per la fotografa.

Non sono stati trovati diari, nè scritti di sorta, né familiari in vita che potessero dare un contributo importante alla ricostruzione della sua vita e tutto ciò che si è saputo lo si deve alle indagini di John Maloof, l'uomo che scoprì il talento di Vivian Dorothea Maier.

1926, a New York nacque Vivian Maier, da due genitori ebrei: la francese Maria Jaussaud e l'austriaco Charles Maier. Decisero di trasferirsi in Francia quando Vivian era ancora piccola, nel paesino alpino di Saint Bonnet en Champsaur. Il periodo dell'infanzia di Vivian fu segnato probabilmente da violenze domestiche, che incisero sul suo carattere e dall'abbandono della famiglia da parte del padre (1930). In quello stesso anno Vivian e sua madre divisero l'appartamento con Jeanne J, Bertrand, ritrattista, probabilmente il primo contatto della bambina con il mondo della fotografia.

Dopo un ignoto percorso di studio, Vivian a venticinque anni decise di ritornare a New York, dove inizialmente lavorò come commessa.

Si traferì a Chicago nel 1956 dove per quarant'anni svolse il mestiere di tata, di cui diciassette circa trascorsi con la famiglia Gensburg.

Negli anni sessanta Vivian, viaggiò spesso durante le vacanze (Manila, Bangkok, Pechino, Egitto, Italia e il sud-ovest americano) probabilmente grazie al ricavato della vendita di una fattoria di famiglia.

Nel 1972decise di lasciare i Gensuburg, per trovare lavoro presso altre famiglie e nel 1987 fu assunta dagli Usiskin dove decise di lasciare gran parte delle sue cose comprese: foto, stampe, filmati e rullini non sviluppati. Si sa poco degli ultimi anni della sua vita, tranne che finì con il restare senza soldi e che dovette vendere molte delle sue cose per pagare i vari debiti.

Nel 2008, scivolata su un terreno ghiacciato, Vivian sbattè violentemente la testa e non si riprese più. Si presentarono ad aiutarla i bambini Gensuburb che lei anni prima accudì, trovandole una casa di riposo ed assistendola. Nel 2009, Vivian morì ad 83 anni.

Contemporaneamente all'incidente occorso, il suo materiale fotografico (circa 150.000 negativi) venne in parte acquistato da John Maloof, uno storiografo che nel tentativo di ricostruire la storia del quartiere Portage Park partecipava alle aste dove si vendevano vecchi box ed archivi.

Maloof mise su una discreta collezione con l'intento iniziale di rivenderla a qualche collezionista. Dopo aver messo alcuni lavori di Vivian in un blog fu contattato da Allan Sekula, critico di fotografia, che gli fece constatare l'effettivo valore di queste opere d'arte. Maloof incominciò ad interessarsi alle foto di Vivian contattando altri acquirenti di varie aste in cui erano state vendute altre sue foto. Decise quindi, nel 2009, di cercare Vivian Maier scoprendo il suo necrologio.

Da allora Maloof si attivò per dare il giusto riconoscimento al talento artistico di Vivian: curando diverse raccolte fotografiche edite nel 2001 e nel 2012, girando un lungometraggio con la collaborazione di Charlie Siskel dal titolo "Finding Vivian Maier", contribuendo alla realizzazione di un documentario diretto da Jill Nicholls ed organizzando mostre ed eventi in giro per il mondo, fra cui un'esposizione italiana, l'unica, dal titolo "Lo sguardo Nascosto" alla Galleria dell'Incisione di Brescia.

William Klein

William Klein è uno dei padri della fotografia di strada ed è conosciuto soprattutto per il suo approccio ironico e rivoluzionario al cinema ed alla fotografia. Anche se Klein fu autodidatta, usò una vasta quantità di nuove tecniche all'interno dei suoi lavori, incentrati in particolare sul fotogiornalismo e la fotografia di moda, settori nei quali produsse i suoi inimitabili diari di fotografia nelle città di tutto il mondo. Moltissime delle sue fotografie furono pubblicate dalla rivista Vogue (molte delle più memorabili) del cui direttore, Alexander Liberman, fu amico.

William Klein nacque a New York IL 19 aprile 1928. I suoi genitori erano i figli di immigrati ebrei ungheresi. Crebbe in un quartiere irlandese dove fu costretto a vivere l'antisemitismo che lo portò ad alienarsi dai suoi coetanei ed a collezionare un altissimo numero di assenze da scuola a cui preferiva il MoMA (Museum of Modern Art).

A quattordici anni (tre anni prima dei suoi compagni) si diplomò alla High School per andare a studiare sociologia presso il City College di New York. A diciotto anni si arruolò nell'esercito degli Stati Uniti dove rimase per due anni e fu inviato in Germania e in Francia. Lasciato l'esercito, rimase in Francia e nel 1948 si trasferì a Parigi dove si iscrisse alla Sorbona per studiare storia dell'arte.

L'anno successivo studiò pittura sotto Fernand Leger la cui influenza è molto evidente nel lavoro di Klein. Leger incoraggiò i suoi studenti a non conformarsi alle norme ma piuttosto a ribellarsi alle regole stabilite nell'arte e lavorare in strada invece che in uno studio fotografico. Leger consigliò ai suoi studenti di lavorare come se loro stessi fossero gli artisti del Rinascimento Italiano ed a a diventare un tutt'uno con la città e di collaborare con architetti.

Nel 1952 Klein tenne due mostre personali a Milano dove collaborò con l'architetto Angelo Mangiarotti. Fu attraverso queste mostre che mosse i primi passi nella carriera di fotografo. Incontrò e divenne amico di Alexander Liberman, art director di Vogue, con il quale condivise un profondo interesse per la scultura cinetica. Liberman fu molto colpito dalla mostra di Klein ed in particolare dalle sue fotografie tanto da invitarlo a rientrare a New York.

Nel 1954 Klein accolse l'invito di Liberman e rientrò nella sua città natale dove parlò a Lieberman della sua idea di realizzare un diario fotografico della Grande Mela, idea che fu non solo accolta con interesse da Lieberman ma che fu anche finanziata dallo stesso. Dopo otto mesi di lavoro, Klein completò il suo lavoro anche se le fotografie non furono mai pubblicate su Vogue: per quanto Liberman apprezzò il lavoro, le fotografie davano una visione cruda e volgare della città, troppo distante dai canoni della rivista. Nonostante ciò e nonostante la sua totale mancanza di esperienza nel settore, Liberman offrì a Klein un lavoro come fotografo di moda per la stessa rivista.

Non scoraggiato dal diniego di Liberman, Klien portò il suo Il Diario di New York a Parigi dove venne pubblicato da Editions du Seuil con il nome di Life is Good & Good for You in New York. Nel 1956, un anno dopo la pubblicazione, Klein fu insignito del Premio Prix Nadar, nonostante la sua mancanza di formazione e le tantissime polemiche relative alle fotografie contenute nel diario.

Klien produsse altri tre libri: Roma (1958), Mosca (1959-1961) e Tokyo (1961). Klein continuò, nel contempo, a lavorare per Vogue e, fedele al suo stile non convenzionale, preferì fotografare i modelli fuori dallo studio e per strada. Klien, a dire il vero, non è mai stato particolarmente interessato alla moda stessa e quindi usò il suo tempo trascorso al soldo di Vogue per studiare come e cosa le nuove tecniche fotografiche avrebbero potuto introdurre nel mondo della moda. La sua fotografia di moda di Klien è proprio per questo innovativa e molto diversa da quanto realizzato dai suoi contemporanei ad esempio introdusse l'utilizzo di un obiettivo grandangolare, qualcosa che era ritenuta una sorta di "eresia".

Tra il 1965 e gli inizi del 1980, Klein passò dalla fotografia alla pellicola e produsse vari documentari e spot televisivi (oltre 250, compresi alcuni per la Citroen e la Fiat). Nel 1980, Klein tornò alla fotografia ancora una volta e si aggiudicò il premio Hasselblad nel 1990. Durante il 1990, iniziò la realizzazione di un'opera d'arte a tecnica mista, unendo la fotografia alla pittura.

Kleinfu nominato tra i 30 fotografi più importanti nella storia da parte della Giuria Internazionale del Photokina nel 1963. Buona parte del suo lavoro è attualmente proprietà del Museum of Modern Art di New York, delCentre Pompidou di Parigi e delVictoria and Albert Museum di Londra (tre dei musei dove ha realizzato le sue mostre più importanti).

Le sue fotografie di Klien nell'ambito della moda sono caratterizzate da luce naturale, ad alto contrasto, da sfocatura di movimento, dall'allungamento e dalla distorsione delle forme dovute al suo utilizzo di obiettivi grandangolari per i primi piani, dalla sovraesposizione con flash e dall'uso di pellicola ad alta grana. Klein decise di re-inventare le norme alla base della fotografia, scuotendo questo mondo dalle sue fondamenta. Praticamente Klien fece esattamente il contrario di quanto fatto daHenri Cartier -Bresson: piuttosto che immagini pensate è meglio l'elemento sorpresa.

Walker Evans

Walker Evans è stato uno degli artisti più influenti del XX secolo, le sue fotografie eleganti e cristalline hanno ispirato diverse generazioni di artisti, da Helen Levitt, Robert Frank a Diane Arbus.

Nato nel 1903 a St. Louis (Missouri) da una famiglia benestante, il piccolo Evans, si dilettava nella pittura, scattava fotografie alla famiglia e ai suoi amici utilizzando con una piccola fotocamera Kodak. Grazie alla disponibilità finanziaria della famiglia, Walker Evans ha potuto studiare nelle migliori scuole tra cui il Loomis Institute, il Mercersburg Academy ed infine la Phillips Academy di Andover (Massachusetts) dove si diplomò nel 1922. Evans successivamente si iscrisse al Williams College dove rimase, però, appena un anno. Da bambino ha vissuto a Toledo, New York e Chicago, cosa che ha permesso al piccolo Evans di crescere con una buona propensione ai viaggi. Tant'è che proprio nel 1926 si è trasferito per un anno a Parigi per poi rientrare a New York.

Nella città americana, lavorando come impiegato per un agente di cambio, cercò di diventare uno scrittore affermato (entrò in contatto con parecchi artisti locali come John Cheever o Hart Crane), ma nonostante il suo impegno non riuscì ad ottenere dei risultati soddisfacenti per cui decise di rinunciare alla professione a cui ambiva da tanti anni. Pensò allora di concentrare tutto il suo impegno nel mondo della fotografia (1928), pur restando in contatto con il mondo della letteratura. Fu infatti proprio il suo amico Hart Crane a ospitare in un suo libro di poesia (1930) tre fotografie del ponte di Brookling. Fu comunque nel 1933 che Walker Evans ottenne il suo primo vero incarico, a Cuba, dove documentò la rivolta della popolazione locale contro il dittatore Gerardo Machado.

Rientrato in patria, lavorò al soldo della Farm Security Administration (FSA), documentando, in giro per la nazione, la grande depressione.

Le fotografie realizzate rappresentarono i volti delle persone, le case, le strade e le condizioni di vita di quel periodo dove il crollo finanziario portò molta disoccupazione e un abbassamento dei redditi familiari. Evans riuscì con questi suoi lavori a trasmettere al mondo intero le sofferenze di quel periodo, immortalando con scatti professionali la vita dei cittadini che abitavano nelle zone rurali, con immagini realistiche e obiettive. La qualità migliore di Evans, evidente pressoché in tutti i suoi lavoro, è stata quella di creare delle immagini autentiche, vere e crude.

Nel periodo estivo del 1936, Walker Evans decise di prendersi una pausa dalla FSA per intraprendere un viaggio con un suo amico scrittore (James Agee) al soldo di Fortune, incaricato di recarsi nelle zone del sud degli Stati Uniti. James Agee collaborò con lui nella stesura di un articolo riguardante le condizioni di vita dei contadini durante quel periodo di forte crisi. Buona parte del materiale acquisito venne pubblicato un libro intitolato Let Us Now Praise Famous Man dove si racconta la vita delle famiglie dell'Alabama.

Tra la fine degli anni trenta e i primi anni quaranta, Walker decise di fotografare le persone nella metropolitana di New York: le foto vennero scattate segretamente, nascondendo la sua macchina fotografica all'interno della giacca. La sua intenzione era quella di sviluppare delle immagini reali e di strappare delle emozioni vere e naturali, come gioia, tristezza, imbarazzo o vergogna. Le foto vennero pubblicate 25 anni dopo all'interno di un libro intitolato Many Are Called.

Tra gli anni 40-60 lavorò come fotografo presso varie riviste tra cui il Time e Fortune.

Nel 1965 decise di interrompere la sua carriera di fotografo professionale, preferendo l'insegnamento delle arti grafiche presso la sua città di residenza. Da notare che Walker Evans, alla stregua di Henri Cartier Bresson, odiava passare del tempo nella camera oscura per lo sviluppo dei propri negativi, demandando l'incombenza ad altre persone e limitandosi, in alcuni casi, ad aggiungere una nota alle proprie lastre sulla modalità da seguire per lo sviluppo e la stampa.

Durante la sua carriera di fotografo, Walker Evans vinse molti premi e ottenne vari riconoscimenti. L'artista ha lasciato un segno tangibile nel mondo della fotografia, dovuto alla dimostrazione di quanto sia stato grande il suo talento che lo hanno reso uno dei più famosi maestri della fotografia a livello mondiale.

Una delle sue foto più conosciute è sicuramente quella che ritrae una giovane donna dell'Alabama scattata nel 1936. Walker Evans si spense all'età di 72 anni nel 1975 nel Connecticut.

Werner Bischof

Werner Bischof Adalbert nacque a Zurigo il 26 aprile 1916 da una famiglia benestante e, all'età di appena 6 anni, si trasferì nella cittadina di Waldshut, in Germania, insieme alla sua famiglia (suo padre gestiva una fabbrica farmaceutica).

Nel 1932 entrò nella Scuola di arti applicate di Zurigo per seguire il corso di fotografia tenuto dal Hans Finsler (filone della "nuova oggettività). Per questo motivo, i primi lavori di Werner sono legati alla fotografia realistica e di modo, in particolare le nature morte (con una certa predilezione per le conchiglie) e le piante.

Finito il servizio militare (1939), si trasferì a Zurigo-Leimbach dove aprì un laboratorio fotografico (che serviva anche da alloggio). Durante questo periodo collaborò con la rivista Graphis e con la casa editrice Amstutz e Herdeg per la quale realizzò eccellenti manifesti ed immagini di moda. Lavorò inoltre con l'organizzazione dell'Esposizione Nazionale Svizzera del 1939.

Nello stesso anno si trasferì a Parigi nella speranza di divenire un pittore. Esperienza molto breve, in quanto fu richiamato quasi subito nelle file dell'Esercito Svizzero. Dopo due anni di servizio militare, rimase in Svizzera dove aprì un nuovo studio fotografico.

Nel 1942 entrò a far parte, in qualità di collaboratore fisso quale fotografo di moda, della rivista svizzera "Du". Negli anni seguenti cominciò la conversione che lo porterà a divenire uno dei fotografi documentaristi più importanti. Iniziò infatti ad interessarsi alla fotografia di reportage, in particolare legata alla guerra. Dal 1944 al 1945, intraprese un viaggio in bicicletta attraverso la Germania meridionale e successivamente attraverso l'Europa. Molto famose sono le fotografie, insieme a quelle del suo compagno di viaggio ed amico Emil Schultness, scattate nelle disastrate Francia, Germania e Olanda.

Tra il 1946 e il 1948 visitò Colonia, Berlino, Lipsia e Dresda come inviato della rivista Du. Per conto dell'associazione benefica "Schweitzer Spende" documentò, alla fine del 1946, la costruzione di un villaggio prefabbricato per aiutare gli orfani di guerra in Grecia.

Nel 1948, fu fotografo alle Olimpiadi per la rivista americana Life.

Continuò quindi a focalizzare la propria attenzione sugli aspetti drammatici della passata guerra evidenziando tuttavia la speranza di rinascita tramite gli occhi della popolazione. Visitò inoltre paesi quali Ungheria, Romania, Cecoslovacchia, Polonia e Finlandia.

Nel 1949 si recò in Inghilterra dove sposò Rosellina Mandel cominciò a lavorare per il Picture Post e l'Observer. Successivamente e nello anno entrò a far parte della famosissima agenzia Magnum Photos insieme a fotografi del calibro di Robert Capa, Henri Cartier-Bresson, George Rodger e David Seymour.

Visitò nello stesso periodo l'Italia e l'Islanda e nel 1950 nacque suo figlio Marco.

Dal 1951 al 1952 si recò in India per conto dell'agenzia Magnum e raggiunse la notorietà internazionale grazie al suo servizio fotografico sulla carestia in Bihar.

Successivamente fu in Corea a documentarne la guerra, ed a Okinawa (Giappone) come inviato di Paris-Match.

Nel 1953 la rivista Du pubblicò un intero reportage a firma Bishof: "Gli uomini dell'estremo Oriente". Contestualmente fu organizzata una mostra nella città di Zurigo.

Nel 1954 fu in Messico per poi andare a Lima e a Santiago del Cile. Da lì si recò a Cuzco, in Perù, e visitò il sito Inca di Machu Picchu. Dopo il suo ritorno a Lima, viaggiò con un geologo verso l'Amazzonia. Morì all'età di soli 38 anni (1954) finendo in un burrone a San Miguel nelle Ande. Qualche giorno dopo nacque il suo secondo figlio, Daniel.

Alcune delle sue fotografie sono senza tempo. Bishof è diventato non solo una leggenda per la sua tragica e prematura scomparsa, ma anche e soprattutto per il suo talento e la sua umanità che ha dimostrato durante tutta la sua vita.

La leggenda vuole che l'ultima immagine scattata sia quella del ragazzo che suona il flauto, rimasta un'immagine iconica.

Wynn Bullock

Wynn Bullock, il fotografo americano degli inizi del 900, è stato ed è tutt'ora considerato quale uno dei maestri del realismo simbolico del XX secolo.

La fotografia di Bullock è fortemente impressionata dalle correnti pittoriche della sua epoca ed in particolare dal movimento impressionista e post-impressionista, nonché dalle opere di Man Ray che suscitarono in lui la passione per la fotografia.

Wynn Bullock vide la fotografia non come un'arte a se stante ma piuttosto come un collegamento fra il mondo interiore ed esteriore, quale mezzo di ricerca per comprendere la realtà che ci circonda ma anche per cogliere gli aspetti misteriosi ed i lati spirituali della vita.

Le fotografie di Bullock sono una miscela geniale di inquietudine, enigma, realtà, onirico, ombre e luci. I temi si sovrappongono: morte, tempo, vita, luce, idee, creatività, solitudine ed emozioni. La luce incisiva e dominante, in particolare, è sempre protagonista nelle opere del fotografo americano.

Come si può intendere, la fotografia di Bullock è una fotografia molto simbolica, che vuole mostrare la realtà mediandola attraverso immagini che ne colgano la sua l'essenza. Le metafore sono il fulcro dell'arte fotografica di Bullock: mostrano il rapporto uomo-natura, uomo-tempo, vita e morte. Il tutto guidato dall'infallibile istinto dell'artista che credette fortemente nella predominazione dello spirito creativo sul ragionamento.

Da Man Ray, ad esempio, Bullock prese in prestito la solarizzazione (usandola insieme a differenti tecniche fotografiche e di sviluppo), proprio nel tentativo di liberare il proprio spirito creativo.

Questo linguaggio simbolico, molto apprezzato dalla critica e dagli altri artisti, cambiò, nel '900, in maniera radicale e per sempre il linguaggio visivo e fotografico. L'immagine diviene il nuovo mezzo con cui penetrare la realtà mentre la tecnica con cui la si realizza va padroneggiata, conosciuta, approfondita per poi essere messa da parte in quanto non deve giocare un ruolo centrale. Bullock affinò la sua tecnica nel tempo grazie soprattutto a tantissimi lavori commerciali commissionatigli in cui ebbe la possibilità (e la fortuna) di poter quasi liberamente sperimentare, riuscendo comunque ad accontentare i suoi committenti.

Il fotografo non è uno scienziato o un filosofo, è solo un fotografo.

Wynn Bullock nacque a Chicago, nel 1902. Da giovane fu un grande appassionato di canto ed atletica tanto da spingerlo, negli anni venti, ad iscriversi alla Columbia University di New York come tenore, iniziando al contempo a cantare in un coro. A metà degli anni venti sposò Mary E. McCarty dalla quale ebbe due figli. La vita coniugale però terminò con un divorzio una quindicina di anni dopo, agli inizi degli anni quaranta.

Gli anni venti sono anche gli anni in cui molto spesso Bullock compie viaggi in Europa armato della sua prima macchina fotografica, una Leica. Viaggi che lo fecero innamorare perdutamente dell'arte.

Nel 1930, tornato in America, si recò aell'Università del West Virginia per studiare legge salvo poi cambiare indirizzo e votarsi alla fotografia, iscrivendosi al Los Angeles Art Center (1938-1940). In questi anni nacque il pensiero predominante del fotografo, ovvero Bullock si orientò verso la concezione dell'immagine come ponte fra l'uomo e la realtà ovvero la sua essenza più profonda, mentre la parola invece diviene un ostacolo, un impedimento nella comunicazione.

Nel 1941 Bullock tenne un esposizione individuale al Los Angeles County Museum, divorziò dalla moglie e intraprese la carriera di fotografo commerciale (necessità legata alla mancanza di denaro per vivere). Il suo primo committente fu l'esercito americano, per il quale effettuò fotografie delle industrie aeronautiche.

Dopo due anni, nel 1943, si sposò in seconde nozze con Edna J. Earle dalla quale ebbe due figli. Con la sua nuova famiglia viaggiò per la California vendendo cartoline e continuando ad occuparsi d'immagini commerciali. Nel 1946 si traferì a Montery per dirigere uno studio fotografico e si dedicò in particolar modo allo studio della solarizzazione.

Negli anni cinquanta si dedicò alla ricerca della sua visione, del suo pensiero. Partecipò alla mostra Family Man (organizzata da Steichen al MOMA) con due opere: "Child in the forest" e "Let there be light". Realizzò ancora lavori commerciali e free-lance ma la sua fama d'artista cominciò rapidamente a diffondersi. Verso la fine degli anni 50 ricevette uno dei suoi primi riconoscimenti al Salon of Photography Internetional.

Gli anni sessanta iniziarono all'insegna dello studio della luce e del colore e per un breve periodo Wynn Bullock insegnò in vari istituti, tenendo anche diversi seminari, fino al 1970.

Nel 1970 Bullock decise d'intraprendere una nuova fase di ricerca creativa ma venne fermato da un tumore che ne provocò la morte nel 1975.

www.fotografareindigitale.com